JN440801

산업기술

유동우

5

도서출판 해남

산업기술

초판1쇄 인쇄 2023년 3월 27일
초판1쇄 발행 2023년 3월 31일

저 자 유동우
발행인 노현철
발행처 도서출판 해남

출판등록 1995. 5. 10 제 1-1885호
주 소 서울특별시 마포구 마포대로8길 9 영명빌딩 405호
전 화 739-4822 **팩스** 720-4823
이 메 일 haenamin30@naver.com
홈페이지 www.hpub.co.kr

ISBN 978-89-6238-805-3 93320

이 저서는 2021년 대한민국 교육부와 한국학중앙연구원(한국학진흥사업단)을 통해 K학술확산연구소사업의 지원을 받아 수행된 연구임(AKS-2021-KDA-1250002).

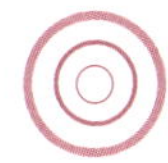

머리말

일곱 살과 다섯 살인 제 아이들은 글자를 잘 모르지만 스마트폰으로 유튜브는 잘 봅니다. 아이들과 지하철을 탔는데 옆자리에 앉아 계시던 할아버지가 아이들이 스마트폰을 들고 있는 걸 보고 말씀하셨습니다. “애들도 스마트폰을 쓰네, 나는 잘 못하는데.” 그 이야기를 듣고 궁금해졌습니다. 글자를 모르는 아이들도 할 수 있는 것을, 글자를 읽을 수 있는 할아버지가 배우기 힘들어 하시는 이유는 뭘까? 제가 한 생각은 어느 순간부터는 새로운 것을 배우기보다는, 과거에 하던 대로 계속하고 싶기 때문이라는 것이었습니다. 제가 요즘 점점 그렇거든요. 새로운 방식이 더 불편해지기 시작하였습니다. 지금까지 하던 대로 하면 되지 왜 바꿔?라는 생각이 점점 더 많이 듭니다.

얼마 전 글쓰기 교재를 만드는 것에 참여한 적이 있습니다. 그때 제가 낸 의견은 이제는 유튜브를 위한 대본을 잘 쓰는 것을 가르치는 것을 많이 고려해야 한다는 것이었습니다. 그리고 유튜브의 조회수가 높은 영상들을 글로 그대로 적어보니, 예전의 글쓰기 방법과는 다르다는 것을 알았습니다. 말하는 것에 보다 가깝게 글을 써야 할 것 같았습니다.

유튜브를 보는 제 아이들은 텔레비전을 거의 보지 않습니다. 대학생들에게 물어보면 텔레비전이 자취방에 아예 없다는 말도 합니다. 세상이 변하고 있는 것입니다. 글쓰기도 앞으로는 유튜브에 보다 적합한, 말하는 방식의 글쓰기가 더 중요해질 것 같습니다. 물론 예전의 글쓰기 방식이 더 좋다고 생각하며 그 방식을 계속 사용하는 사람들도 있겠지만, 아마도 시대가 바뀌는 것을 막을 정도는 아닐 듯합니다. 저도 동영상 강의를 촬영해 보면, 최대한 말하는 것처럼 대본을 쓰는 것이 더 자연스럽다는 것을 알게 됩니다. 정기적으로 쓰고 있는 「경제옹알이」라는 신문칼럼도 그래서 최대한 말하는 것처럼 쓰고 있습니다.

이 책을 쓰면서 최대한 말하는 것과 비슷한 흐름을 유지하려고 하였습니다. 첫 문장을 한국의 경제발전은 산업기술의 습득과 긴밀한 연관을 가질 수

밖에 없습니다라고 쓰고 싶었고, 나머지 모든 문장도 그런 방식으로 쓰고 싶었지만 그렇게까지는 하지는 못했습니다. 그래도 하나 바꾼 것이 있다면 표를 하나도 사용하지 않았다는 것입니다.

표는 말하기의 자연스러운 흐름과는 잘 맞지 않는 것 같았기 때문입니다. 유튜브의 조회수 높은 동영상들을 보면 표를 사용하는 영상은 거의 보지 못한 것 같습니다. 이 책에서는 구체적인 사실들을 정확하게 적는 것보다는 전체적인 흐름을 끊기지 않고 이야기하려 노력해 보았습니다. 논문을 그런 방식으로 쓰면 여전히 표를 넣으라는 심사의견이 나오는 것을 보면, 쉽게 변할 것 같지는 않지만 그래도 좀 더 자유로운 책에서 한 번 그렇게 써 보았습니다.

산업기술이라는 거대한 주제를 다루면서 못 다룬 부분이 더 많았습니다. 다양한 의견들을 모두 다 검토하지도 못하였습니다. 그래도 한국경제가 발전하면서 이러한 흐름으로 산업기술을 습득하였다는 것을 좀 더 쉽게 읽히는 방식으로 이야기해 보고자 하였습니다. 책의 내용을 간단하게 요약한다면, 한국 기업들은 새로운 기술을 참 열심히 배웠습니다. 그러한 흐름이 잘 느껴지지 않는다면 그건 제 글쓰기가 아직 많이 부족하기 때문인 듯합니다. 그래도 앞으로 대세가 될지도 모르는 유튜브에서 말하듯이 글을 쓰는 새로운 방식을 시도해 보았다는 것에서 스스로 의미를 찾아보려고 합니다. 책을 잘 만들어 주신 해남의 편집진께도 감사드립니다.

2023. 3

유동우

차례

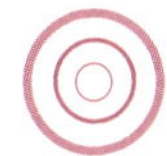

들어가며

한국의 경제발전은 산업기술의 습득과 긴밀한 연관을 가질 수밖에 없다. 이 책에서는 한국의 경제발전을 한국 산업기술의 습득과 연계하여 살펴보고자 한다. 초기 한국의 산업기술은 발전이라는 단어보다는 습득이라는 단어가 보다 적절하다고 생각된다. 한국의 경제발전을 살펴보면, 발전을 위한 초기 조건은 매우 열악하였다. 계산을 하는데 필요한 계산 도구조차 없었던 상황에서 한국의 산업기술은 발전을 목표로 하기보다는 외국인 기술자의 어깨너머로 기술을 습득하는 것을 첫 목표로 할 수밖에 없었다.

다양한 산업기술이 있지만, 건설 분야와 산업기술 습득의 연관 그리고 확산을 중심으로 분석하고자 한다. 다양한 산업기술 중 건설 분야를 살펴보는 이유는, 한국의 경제발전과 중화학공업화에 큰 역할을 한 현대그룹의 시작이라고 할 수 있는 현대건설의 발전 과정을 살펴보는 것으로 건설산업이 중화학공업으로 변화하는 실마리를 찾을 수 있기 때문이다.

건축과 토목 사업은 종합조립업이라는 특징을 가지고 있고, 그 때문에 다양한 자재와 장비들을 필요로 하게 된다. 현대건설은 공사에 필요한 자재인 시멘트 공급을 위하여 1962년 단양시멘트공장을 건설하였다. 토목공사를 위한 중장비나 자재운반을 위한 운송차량 등은 건설장비의 중요한 분야에 속하는데, 1967년 설립된 현대자동차주식회사는 건설장비인 운송차량을 생산할 수 있는 회사이다. 1971년 설립된 금강개발주식회사(지금의 현대백화점)는 현대건설이 진출하는 국내외 공사 현장에 식품과 의복 등 잡화류를 공급하는 회사였다. 이러한 현대건설의 초기 사업 확장 경로는 현대건설이 자재 및 장비와 관련된 자립도를 높이는 방향으로 사업을 확장하였음을 보여 준다.

1972년 현대건설은 건설업과 유사한 종합조립업이라는 특징을 가지고 있는 조선업에 진출하기 위해 울산조선소를 건설하였고, 이듬해 울산조선소는 현대중공업주식회사가 되었다. 1974년 설립된 현대

엔지니어링주식회사는 현대건설이 수주한 공사의 설계를 위해 필요한 회사였다. 1974년 설립된 현대자동차서비스주식회사 또한 건설장비의 정비를 위해 필수적인 사업이었다. 1975년에 설립된 현대미포조선주식회사는 선박을 수리하기 위한 회사였고, 1976년에 설립한 아세아상선주식회사와 현대종합상사주식회사는 자동차와 선박을 수출하기 위해 만든 무역회사라고 할 수 있다.

자재와 장비의 자립 다음 단계로 현대그룹은 건설업과 유사한 점이 많은 조선산업에 진출하였고, 현대건설의 사업과 밀접한 관련을 가지고 있는 설계 및 정비 부분들을 중심으로 계속 사업을 확장해 나갔다. 그리고 그러한 사업의 확장은 수출과도 연계되었다. 이는 현대그룹의 사업 확장이 건설산업에서의 자체적인 필요성을 가지고 있는 분야를 넘어서, 중화학공업의 핵심 산업인 자동차와 조선까지 이어지고, 수출로 연계되는 경로로 진행되었음을 알려준다.

한국 경제발전에 기여한 많은 기업들 중 현대건설을 중심으로 살펴보는 이유는, 현대그룹이 한국의 경제발전과 중화학공업화에 큰 역할을 하였다는 점도 있지만, 현대건설의 시각에서 제시되는 기업사에는 경제발전을 실질적으로 수행하였던 기업에서 어떠한 기술적인 어려움을 겪었고, 이를 어떻게 해결하였는지를 구체적으로 기록하고 있기 때문이다. 그러한 구체적 사례들은 한국의 경제발전에서 정부의 경제개발계획도 중요하였지만, 계획을 실질적으로 실행하였던 기업들이 어떤 어려움을 겪었고, 또 어떻게 극복해 나갔는지를 알려 주고 있다.

물론 현대건설이 중화학공업화의 핵심 산업들을 발전시킬 수 있었던 것에는 석유화학, 에너지, 철강과 같은 다른 산업의 뒷받침이 필요하였던 것도 사실이다. 하지만 석유화학단지와 발전소, 그리고 제철소 역시 건설회사를 통해서 공장이 건설되어야 한다는 점을 염두에 두어야 한다. 또한 현대건설의 시작이 정주영 창업자가 건설업자들이 정부에서 자동차수리업과는 비교도 되지 않는 많은 돈을 받아가는 것을 보고 시작되었다는 것, 미군 공사와 한국전쟁 복구공사, 그리고 국토개발과 관련된 토목공사들이 모두 건설업과 관련되어 있다는 것은 시사하는 점이 크다. 다시 말해, 커다란 자본이 움직이며, 가난한 상황에서도, 전쟁 이후에도, 그리고 경제개발을 위한 국토개발에도 필수적인 건설업을 중심으로 산업기술을 습득하고, 연관된 기술을 발전시키는 것은 당연하고 효과적인 초기 경로라고 할 수 있다.

현대건설의 정주영 창업자는 현대건설 초기에 "맨손으로 호랑이를 잡지 못하고, 걸어서 황하를 건널 수 없다"는 시경(詩經)의 문구를 습관처럼 되뇌고 다녔다는 일화가 전해진다. 빠른 공기 안에 새로운 길과 다리를 튼튼하게 놓기 위해서는 건설장비 확보가 무엇보다 중요하다는 의미에서였다고 한다.

해방 이후 미군 부대는 건설장비의 거의 유일한 초기 공급처였다. 미군은 매주 시장을 열어 못쓰게 된 장비를 내다 팔았다. 저울로 무게를 재어 고철값을 받는 저렴한 물건들이었지만 그중에는 새것이라고 해도 좋을 만큼 상태가 좋은 것도 많이 있었다. 그럴 때마다 정주영 창업자는 미군 고철 시장에 나가 제품을 꼼꼼하게 살펴 쓸 만한 물건이라 여겨지면 무조건 사들였다고 한다. 그중에는 고장난 물건도 있었고 처음 보는 기계도 많았지만 개의치 않았다. 그리고 업무가 끝난 후 불을 밝혀 놓고 기술자들과 함께 기계의 원리를 파악하고, 고장난 부분을 수리하였다고 전해진다. 나중에는 아예 자동차 수리 공장터에 중기(重機)공장을 열고 건설장비를 직접 개량하거나 새롭게 만들었다.

현대건설의 건설장비 확보는 미국의 원조자금을 재원으로 하는 전후 복구공사가 활발해지면서 빛을 발하기 시작하였다. 이들 공사의 시방서•에는 엄격한 장비 조항이 따라붙었지만, 당시 국내 건설회사 대부분은 그런 조항들을 충족시킬 만큼의 장비를 보유하고 있지 못하였다. 건설장비에서 접한 우위를 바탕으로 현대건설은 큰 어려움 없이 공사를 수주할 수 있었다. 비슷한 일이 계속되면서 현대건설은 업계를 빠르게 앞서 나가기 시작하였다고 한다(현대건설 2022b: 45).

시방서: 공사에 대한 표준안, 규정을 설명한 것이다.

이러한 일화는 현대건설이 어떻게 현대자동차로 확장적으로 이어질 수 있었는지를 보여 준다. 현대건설은 사업 경험을 통해 장비의 중요성을 인식하였고, 장비의 수급을 원활하게 하는 것은 건설사업에서 중요한 부분이었다. 현대건설은 처음부터 현대자동차공업과 현대토건이 합쳐져서 출발한 회사였고, 당시 한국의 열악한 경제 상황에서는 다른 전문기업이 장비를 개발하는 것에 의존하는 것보다는 직접 생산하는 것이 더 효과적이고 안정적일 수 있었다. 기술이 세분화되고 높은 수준으로 발전된 현재에도 자동차회사들이 공작기계를 직접 개발하는 것은 쉽게 관찰되고 있다. 이러한 상황들을 감안하면, 건설사업에 중요하였고 또한 건설 분야에서 자체적으로 수요를 감당해 줄 수 있는 운송기기 사업으로 사업을 확장하는 것은 매우 합리적인 선택이었던 것이다.

한국의 경제발전계획을 수립한 정부 역시 건설과 자재, 그리고 에너지와 화학산업의 중요성을 인식하고 있었다. 실제로 한국 정부가 해방 이후 가장 먼저 관심을 보였던 분야 중의 하나는 건설을 위한 시멘트공장과 판유리공장이었고, 다른 하나는 농업을 위한 화학산업인 비료공장이었다. 한국전쟁으로 파괴된 국토를 재건하는 것에 건설과 건설재료는 필수적이었고, 재건 이후의 국토개발에도 건설과 토목은 매우 중요한 축을 담당하고 있었다. 또한 경제발전이 이루어지기 전 농업이 중요 산업이었던 한국에서 농업 생산량을 늘려 주는 화학비료는 매우 중요한 역할을 담당하고 있었다. 한국 정부가 시멘트, 판유리, 비료공장에 관심을 가진 이유는 명확해 보인다.

구체적으로 한국 정부는 Fertilizer, Fuel, Fund라는 3F 정책에 관심을 가졌다. 그중 Fertilizer와 관련된 비료공장은 한국 최초의 화학공장인 충주비료였다. 충주비료공장의 건설과 운영 경험은 이후 중화학공업의 다른 축을 담당하고 있는 1962년의 정유공장 건설로 이어진다. 그리고 1972년 플라스틱 소재와 연관이 깊은 석유화학공장으로 이어지게 된다.

Fuel, 즉 정유공장에서 생산된 석유 제품은 운송수단과 발전소의 에너지원 역할을 한다는 특징이 있다. 저렴하고 안정적인 에너지의 공급은 산업 전반의 발전을 위해 핵심적이며, 에너지 문제의 해결을 위해 정부는 발전소를 건설하기 시작한다. 그리고 산업 전반에 철강을 공급하기 위해 제철소를 건설한다. 그런데 앞서 언급하였듯이 에너지를 위한 발전소와 정유공장에서도, 철강을 위한 제철소에서도, 공장의 건설이라는 첫 번째 단계가 필요하다. 현대건설은 발전소와 정유공장, 제철소의 건설에 상당한 부분을 담당하였다.

이렇듯 건설 및 건설과 연관된 사업은 기업의 입장에서도, 정부의 입장에서도 경제발전의 초기 경로 부분에서 상당한 역할을 담당하고 있다. 그리고 한국의 경우 건설업은 현대그룹을 중심으로 시작하여 결과적으로 자동차와 조선이라는 중공업 분야로도 연계되고, 또 수출로 이어지는 경로를 보인다. 하지만 이러한 발전 경로에는 초기의 열악한 경제적 기반과 기술적 기반에서 기술을 습득하고, 사업을 직접 운영하며, 여러 가지 문제들을 직접 해결한 기업의 역할이 중요한 것은 당연하다.

이 책의 구성은 제1장에서는 건설과 시멘트산업을 살펴보고, 제2장에서는 비료와 석유화학산업을, 제3장에서는 전기와 원자력 분야를, 제4장에서는 자동차와 철강산업을, 제5장에서는 조선산업 발전에 대한 정부와 기업의 역할에 대한 사례 분석을 실시한다. 또한 각 분야에 다양한 형태로 참여한 현대건설의 구체적 사례 또한 같이 살펴보아 한국 산업기술의 습득과 발전을 건설에 필요한 기술을 중심으로 고찰해 보고자 한다.

1

건설과 시멘트

건설

건설이 다른 산업과 차별화되는 점 중의 하나는 주문생산 방식을 취하고 있다는 점이다. 건설은 수요가 먼저 발생하고, 공급이 나중에 이루어지는 형태를 가지고 있다. 건설사는 정부와 같은 발주자가 요구하는 조건을 만족시키는 안을 제시한다. 발주자가 제안을 받아들이고, 선급금을 지급하면, 건설사는 목적물을 완성한다. 그리고 완성된 목적물을 발주자가 인수하는 것이 일반적인 계약 방식이다. 이러한 계약의 특성상 정부와 같은 발주자는 건설사에 커다란 영향력을 행사하게 된다.

또한 건설산업은 정부, 지방자치단체, 민간 등 수요자가 다양하고, 목적물이 건설되는 장소 또한 다양하다는 특징이 있다. 따라서 반복과 복제, 표준화가 어렵다는 특성을 가지고 있다. 그리고 도로와 토목, 항만과 댐, 주거시설과 플랜트 등 건설 목적이 다양하기 때문에 목적물을 건설하기 위하여 다른 산업의 다양한 기술을 사용하고, 여러 지역에서 나오는 자재를 구매하고 운송해야 하는 구조를 가지고 있다. 이는 건설이 다양한 기술과 자재를 활용하는 종합조립업이라는 특성이 있음을 의미한다.

마지막으로 사용 수명이 길고, 비바람 및 자연재해에 직접적으로 노출되기 때문에 내구성이 중요하다. 또한 공간을 차지하고 시인성이 높기 때문에 문화적·디자인적 측면 또한 중요하게 검토된다. 따라서 건설은 설계 기간과 생산 기간이 길고, 대규모 자본이 투입될 경우 자본회전율이 낮아 금융의 역할이 중요해지게 되는 특성을 보인다.

따라서 건설 분야에서는 공사의 다양한 측면에서의 적정성을 담보하기 위해 건설사업 관리기술, 엔지니어링 기술, 시공기술, 운영 및 유지관리 기술이 중요하게 된다. 건설사업 관리기술은 사업의 경제성을 조사하고, 금융, 구매 및 조달 관련 업무 등을 추진하는 것과 관련되어 있다. 엔지니어링 기술은 목적물의 계획, 설계, 시험, 재해방지 등과 연관되어 있다. 시공기술은 자재를 제작하고, 운반하고, 설치하는 분야와 관련되어 있으며, 운영 및 유지관리 기술은 운영과 안전점검, 보수 및 해체 등과 연관되어 있다(한국공학한림원 2020a: 20~25). 그리고 이러한 건설산업의 특성은 나중에 다루어질 종합조립업인 조선업에서도 비슷한 형태로 나타나고 있음을 관찰

할 수 있다. 또한 사업의 경제성을 판단하는 건설사업 관리기술은 새로운 산업으로의 진입을 판단하는 투자 기준과 상당한 연관을 가지게 된다.

한국경제에서 1950년대는 전쟁으로 인한 파괴를 복구하는 사업이 국토개발의 중심이 되었다. 복구를 위한 주요 재원은 미국의 원조자금이었다. 철도와 도로, 항만과 같은 운송과 관련된 분야는 1960년대 초에는 한국전쟁 이전 수준으로 회복되었다. 전기를 공급하는 발전소와 건설에 필요한 시멘트·판유리 공장, 농업에 중요한 비료공장 등 중요성이 명확한 분야에 대한 산업적 투자가 국토개발의 형태로 이루어졌다.

1962년부터 시작된 제1차 경제개발 5개년계획에서는 전력과 석탄 등 에너지원을 확보하고, 시멘트·비료·정유공장과 같은 기초산업을 건설하는 것을 목표로 하였다. 경제개발을 위해서는 물자를 원활하게 수송하는 것이 중요하였고, 도로가 발달하지 못한 상황에서는 도로를 만들고, 철도의 수송 능력을 높이는 것이 필요하였다. 1966년까지 경제발전이 이루어지면서 화물 수송이 늘어났다(한국공학한림원 2020a: 203). 당시의 주요 화물이 석탄이나 유류와 같은 에너지원과 시멘트, 광석, 목재 등 건축 자재, 그리고 양곡과 비료였다는 것은 에너지와 건축, 농업과 비료가 당시의 중요 산업이었다는 것을 보여주며, 정부가 발전시켜야 할 산업을 정확하게 인식하는 것이 어렵지 않았음을 알려 준다.

해방 이후 1960년까지 건축과 교통 관련 시설은 유럽과 미국의 설계 및 기술과 일본의 현장 기술지도로 건설되는 경우가 많았다. 당시 한국의 건설업체들은 건설과 관련된 기술 수준이 매우 낮았다. 해방 이후 정부는 미국의 경제원조에 많이 의존하였으며, 기술적으로 미국 공병단의 영향력이 막대할 수밖에 없었다. 그리고 한국전쟁으로 파괴된 시설들을 복구하면서 건설은 한국에서 산업으로서의 틀을 갖추기 시작하였다(한국공학한림원 2020a: 468~469).

초창기의 국내 건설회사의 기술 수준은 외국 기술자들의 어깨너머로 배운 실무 경험이 전부라고 할 수 있다. 구조 해석을 하기 위해 필요한 기초적 계산기계도 없는 경우가 많았다. 따라서 서양 기술자들이 제시하는 도면과 작업지시와 일본 기술자들의 현장감독을 그대로 따라야 하였다(한국공학한림원 2020a: 489).

대전기지에서 미공병단 지도 아래 슬래브 공사 중인 한국인 노동자
자료: United States. Army. Corps of Engineers. Office of History.

현대건설의 기업사에서는 당시의 상황을 다음과 같이 구체적으로 기록하고 있다.

> 현대건설이 도로공사에 처음으로 진출한 것은 한국전쟁이 한창이던 때였다. 피란지 부산에서 포장면허를 획득해 미군이 발주한 군사도로의 건설과 보수공사를 맡아 수행하였다. 전후에는 전재복구사업으로 발주된 도로포장공사에 참여해 관련 공사 경험을 쌓았다. 전쟁 직후 교량복구에 집중되었던 전재복구사업은 1957년을 기점으로 국도포장사업으로 중심이

대전기지에서 중장비를 이용한 미공병단 지도 아래 공사 중인 한국인 노동자
자료: United States. Army. Corps of Engineers. Office of History.

이동하였고, 이 같은 추세는 1962년까지 지속되었다. 현대건설의 주요 공사로는 서울-의정부-동두천 간, 서울-안양-수원-평택 간, 서울-인천 간 도로공사와 서울, 부산 등 주요 도시의 시내도로 포장공사를 꼽을 수 있다.

당시의 도로포장은 굵은 조약돌을 깔고 기층(基層)을 만들어 사람이 직접 포장재를 입히는 원시적 공법을 사용하였다. 1950년대 말 미군을 통해 석재기층을 사용하는 신공법이 도입된 후에야 비로소 초보적인 기계화 시공이 가능해졌는데, 포장재의 포설이나 전압에만 장비를 사용하였을 뿐 대부분의 공정을 수작

> 업으로 진행하였다. 중장비를 이용해 포설을 할 때에도 고저(高低)의 차이는 특수 기능공의 눈대중에 전적으로 의존할 수밖에 없었다. 이러한 상황에서 현대건설은 미군이 불하하는 장비를 적극적으로 매입해 기계화 시공의 비중을 높이는 한편, 미군 비행장 활주로공사 등 기술력이 요구되는 공사를 도맡아 수행하면서 경쟁력의 우위를 확보해 나갔다(현대건설 2022b: 68).

시멘트

시멘트는 높은 경제성과 기능성을 가지고 산업과 도시에 사용되어 왔으며, 콘크리트 구조물은 지속적으로 발전하여 왔다. 한국에서도 시멘트는 건축과 토목 분야의 필수 소재이다. 시멘트산업은 석유화학 분야에 비하면 기초적인 기술을 사용하지만 대형 설비를 사용하는 장치산업으로 분류할 수 있다(한국공학한림원 2020a: 354).

한국 정부는 1955년 문경시멘트공장을 건설하기 시작하였고, 1957년 연간 24만 톤을 생산하는 문경시멘트공장이 준공되었다. 문경시멘트공장은 1961년 연간 36만 톤을 생산하는 규모로 증설되었다. 이후 시멘트산업은 1960년대 정부가 주도한 외자 도입을 통하여 생산 설비를 대형화하였다. 1961년 2개 공장을 합하여 72만 톤 수준이었던 우리나라의 시멘트 산업은, 이후 경제개발을 위하여 정부가 적극적으로 육성을 추진하였다. 제1차 경제개발 5개년계획과 제2차 경제개발 5개년계획을 거치며, 철도, 도로, 교량, 항만, 댐 등이 건설되었다. 1968년 경부고속도로 건설이 시작되었고, 공장과 주택 건설로 시멘트 수요가 빠르게 증가하자, 시멘트 생산시설도 증설하게 되었다.

한국의 시멘트 생산 능력은 계속 증가하여 1967년에는 시멘트 제품의 자급이 이루어지고, 1971년에는 692만 톤에 달하게 되었다. 이는 당시 기준으로 세계 20위 정도의 수준이었으며, 시멘트 수입국이었던 한국은 1971년에는 94만 톤을 수출하여 세계 11위의 시멘트 수출국이 되었다. 중동의 대형 건설공사에도 중동 국가들이 시멘트와 같은 제품은 중동에서 제조된 것을 사용하도록 하는 정책을 실행하기 전에는 시멘트를 수출하였다. 시멘트산업은 1970년대를 거치며, 분쇄, 포장, 레미콘(ready mixed concrete) 등의 유통시설도 확장되었다. 기술적 측면에서도 해외로부터의 시설 및 도입에 주로 의존하기는 하였지만, 시설을 도입하면서 같이 이루어지는 기술 습득 과정을 거치며 빠른 발전을 이룩하게 되었다(한국공학한림원 2020a: 360~361).

건설업을 주종목으로 하는 현대건설에게도 시멘트는 중요한 자재였다. 현대건설은 1957년부터 단양에 시멘트공장을 건설하는 것을 구상하였다. 하지만 기술용역 계약을 맺고 건설에 들어간 것은 1962년부터였다. 1963년 말부터 미국의 주요 기기 공급사인 알리스차머스(Alis Chamers)사로부터 기자재가 공급되었다. 당시 한국의 산업 수준은 매우 낙후되어 있어서, 사소한 자재도 국내 공급이 어려워 외국에서 수입해야 하였다. 목재마저도 미국산 소나무를 써야 하는 상황이었으니, 시멘트가 부족한 것은 당연하였다. "시멘트가 없어 시멘트공장을 건설하기 어렵다"는 농담이 돌아다녔다고 한다.

현대건설의 단양시멘트공장에서는 대부분이 일본산 시멘트가 사용되었고, 마지막에야 문경시멘트공장에서 생산한 국산 시멘트가 사용되었다. 단양시멘트공장을 '현대건설의 시멘트 3.1운동'이라고 부를 정도로 시멘트 공급의 자립은 중요한 것이었다. 건설을 위한 다른 자재는 단양시멘트공장에서

12km 거리의 제천역에서 직접 운반해야 하였다. "공장 주위는 호랑이가 나온다"는 말이 있을 정도로 길이 험한 지역이었는데, 자동차가 거의 없던 때였으므로 손수레나 마차를 이용하였고, 사람이 직접 운반하는 경우도 많았다고 한다(현대건설 2022b: 161). 시멘트공장을 지으려던 현대건설이 마주하였던 상황은 한국 산업기술과 관련해서 초기의 조건들이 얼마나 낙후되어 있었는지를 보여 준다. 사람이 자재를 직접 운반하는 것이 시멘트공장을 짓는 기업이 마주하였던 상황인 것이다.

해외 시장 진출과 경부고속도로 건설

한국의 건설업은 한국 산업의 해외 시장 진출과도 연관성을 가지고 있다. 초기 건설업의 위험 요소 중 가장 큰 것은 건설 분야의 가장 큰 발주자가 정부라는 것이었다. 주문생산 방식이라는 건설업의 특징상 발주자의 영향력이 크고, 제1차 경제개발 5개년계획 기간 동안 정부 발주공사는 건설산업의 80% 이상을 차지하였다. 당시 정부의 재정 상태는 불안정하였고, 정부의 건설투자가 지속적으로 증가하기 어려울 확률도 높았다. 또한 정부와 건설업자의 유착 관계 또한 문제가 될 수 있었다. 많은 기업들이 정치적인 변화와 정부와의 유착 관계 문제와 관련해서 어려움을 겪었다.

다른 위험 요소는 미군 공사가 줄어드는 것이었다. 1950년대 말까지 미군이 발주하는 공사는 건설업계의 주요 공사였고, 현대건설은 특히 미군 발주 공사의 가장 큰 수혜자였다. 하지만 1960년대 미국은 바이 아메리칸 정책(Buy American Policy)으로 국내 건설기업이 참여하는 것을 어렵게 만들었고, 1965년에는 베트남전쟁에 개입하면서 한국에서 발주되는 미군 공사는 크게 감소하였다.

이러한 상황하에서 외화를 획득할 수 있고, 한국 정부와의 유착 문제가 적은 해외 시장에 관심을 가지게 되는 것은 당연한 수순이었다. 1960년대 초반까지 기술 중요성이 높은 공사는 선진국의 건설업체들이 수행하였다. 선진국과의 기술 격차는 명확하였으며, 한국 기업들은 국제 입찰에 필요한 절차를 진행하는 방법도 잘 알지 못하였다(현대건설 2022c: 26). 다만, 현대건설의 경우 미군 공병단과 같은 주한 미군 부대 건설을 진행하고 있었기 때문에 해외 시장 진출 준비가 자연스럽게 이루어졌다. 주한미군 부대공사는 계약서나 도면, 공사 진행 등이 모두 영어로 진행되었기에 해외 공사와 차이가 적었다(현대건설 2022a: 40). 그러한 경험은 한국 건설업의 해외 진출 기반이 되었다.

1963년 7월 현대건설은 베트남 사이공 상수도시설 공사 국제 입찰에 최초로 참가하지만 수주하지는 못하였다. 1965년에는 태국 방콕에 지점을 설치하고 활발한 수주 활동을 펼쳤다. 그리고 세 번째 입찰에서 522만 달러 규모의 빠따니-나라티왓 고속도로 건설공사를 수주하였다. 이 건설공사는 1967년 1월에 착공해 1968년 3월에 완공되었다. 현대건설은 첫 해외 건설공사에서 3억여 원의 적자를 냈다. 해외 건설공사 경험이 없는 상황에서 많은 시행착오가 발생하였고, 이는 결국 적자로 이어졌던 것이다. 예를 들어, 현대건설이 불도저와 로더• 같은 당시로서는 최신 장비를 처음으로 접한 것은 태국에서였는데, 불도저와 로더 같은 장비를 처음 접한 기능공들은 사용 방법도 몰랐고, 자주 고장을 냈다고 한다. 그러한 상황에서 적자가 발생하는 것은 당연한 일이었다. 하지만 현대건설은 고속도로 건설 실적과

로더: 흙을 싣는 장비.

경험을 확보하였고, 건설 현장에 필요한 장비들을 직접 고안해 사용할 수 있게 되었다. 그리고 이는 경부고속도로 건설로 이어졌다.

현대건설은 태국 고속도로 공사 이후 1976년까지 태국에서만 총 6건의 고속도로 건설 실적을 올리게 되었다. 베트남에서도 수주가 이루어졌으며, 태국과 베트남 시장 진출은 1960년대 후반 괌, 미국 알래스카, 호주, 파푸아뉴기니 등의 시장 진출로 이어지게 되었다. 그리고 이 실적은 1970년대 중반 중동 진출의 기반이 되었다(현대건설 2022c: 27). 중동 진출 이전의 해외 건설공사는 초기에는 경험 부족으로, 이후에는 선진국에서의 노무관리 문제로 적자를 보는 경우가 많았다. 이 문제를 해결하기 위하여 현대건설은 같은 종합조립업이지만 국내에서 생산할 수 있고, 외화를 획득할 수 있는 조선업에 진출하는 목표를 세우고 중공업 분야에 진출하게 되었다.

한국 정부가 1960년대 후반 가장 중점적으로 전개한 사업은 고속도로를 건설하는 것이었다. 1964년 7월 울산에 정유공장이 준공되자 아스팔트가 국내에서 대량으로 생산될 수 있게 되었다. 다른 자재인 시멘트 또한 국산화가 많이 이루어졌기에, 자재 측면에서는 고속도로 건설에 필요한 조건이 달성되고 있었다. 아스팔트와 시멘트 같은 원자재를 수입하여 경부고속도로를 지었다면 정부에서 공사비를 감당하지 못하거나, 높은 공사비로 고속도로가 경제성을 잃어버릴 수도 있기 때문이다.

그리고 경부고속도로 착공 무렵인 1968년 2월에는 빠따니-나라티왓 건설공사가 거의 완료되어, 현대건설은 경험이 있는 기술자들과 기술적 자산을 확보하고 경부고속도로 공사를 착공하게 되었다(현대건설 2022c: 28). 한국 정부와 경제관계자들은 고속도로의 의미를 잘 알지 못하였을 뿐만 아니라, 경제적 효과를 추산하고, 공사비를 예측하는 것에도 어려움을 겪었다. 또한 공사비를 조달하는 것에도 많은 어려움이 있었던 상황에서 고속도로의 건설 경험과 기술자 그리고 기술적 자산의 확보는 건설을 직접 담당하는 기업의 입장에서는 중요하였다.

건설과 시멘트 분야의 발전 경로를 보면 한국의 경제적 초기 조건이 얼마나 열악하였는지를 알 수 있다. 시멘트공장을 짓기 위한 자재를 운송기기가 없어 사람이 직접 운반하였던 것이 한국의 경제적 초기 조건이었다. 하지만 이러한 열악한 조건하에서도 한국전쟁 이후 재건을 위한 건설사업은 계속 진행되었고, 이후 국토개발 과정에서도 건설과 토목은 중요한 사업 분야였다. 정부의 재정이 열악한 상황에서는 미군 부대가 발주하는 공사들이 주요 자금 공급원이 될 수 있었고, 정부의 국토개발을 위한 건설공사는 정부의 재정이 불안정하더라도 큰 자금이 공급될 수밖에 없는 분야였다. 화물 운송의 대부분은 건설을 위한 시멘트와 같은 자재와 에너지원인 석탄과 유류, 그리고 곡물과 비료였다. 이는 물류적 측면에서도 건설 분야가 에너지와 농업 분야와 함께 정부의 주요 투자 대상이 되어야 함을 쉽게 보여 준다고 하겠다.

2

비료와 석유화학

건설 자재와 함께 화물 운송의 상당 부분을 차지하였던 것은 비료였다. 화학비료는 농업 분야의 식량 생산 증가와 큰 관련이 있다. 농업이 주된 산업이었고, 한국전쟁 이후 먹을 것이 부족하였던 남한지역에서 화학비료의 중요성은 명확하였다.

화학비료는 화공 플랜트에서 생산되는 제품이다. 플랜트의 생산물이 자재나 기계 같은 제품의 성격을 가지면 이는 '산업 플랜트'로 구분된다. 다양한 스펙트럼이 존재하기는 하지만 산업 플랜트는 가공이나 조립과 같은 물리적 공정에 기반을 둔다. 하지만 화학적·전기적 공정까지 진행되게 되면, 화학·정유·에너지·전력(발전) 플랜트로 범위가 다양해지고 규모가 크게 커지게 된다.

건설업에서 플랜트는, 플랜트 장비를 공급하고 설치하는 '플랜트 건설' 그 자체를 의미한다. 또한 주요 대상은 정유 및 석유화학 플랜트나 오일·가스 플랜트 등으로 정해지게 된다. 화석연료를 채취하는 오일·가스 플랜트는 건설 규모도 크고, 기술적인 면에서 가장 전문적인 건설 역량을 요구한다. 전반적으로 건설사의 플랜트 건설은 물리적 공정인 산업 플랜트에서 출발하여 화학적 공정을 포함하는 정유·석유화학·제철 플랜트를 거쳐 가장 고도화된 오일·가스 플랜트로 진행된다. 1960년대 한국의 플랜트 건설 역시 시멘트, 비료, 정유, 석유화학, 제철, 오일이라는 경로를 따르고 있다.

비료

해방 이전 북한지역에는 흥남비료라는 당시 최신 기술로 지어진 대형 비료공장이 있었지만 남한지역의 비료공업은 북한에 비하면 미미한 수준이었다. 농업은 해방 이후 가장 중요한 산업이었고, 비료를 자급하는 것은 중요한 일이었다. 한국 정부는 비료공장을 건설하여 비료를 직접 생산하고자 하였지만, 원조자금의 배분을 결정하는 미국의 의견은 화공 플랜트인 비료공장을 건설하고 운영할 능력이 부족한 한국의 상황에서는 일본에서 비료를 수입하여 사용하는 것이 더 합리적이라는 의견이었다. 그리고 실제 원조자금의 상당 부분은 비료를 수입하는 데 사용되었다.

하지만 한국 정부는 미국의 반대에도 화학비료공장의 건설을 강력하게 추진하였고, 결국 미국의 승인을 받아 충주비료공장의 건설을 시작하였다. 1955년 9월 공사를 시작한 충주비료공장은 1958년 4월 준공될 예정이었지만, 1959년에야 시운전에 착수하였고, 1961년 4월에 준공되었다. 하지만 그 이후에도 상당 기간 운영에 시행착오를 겪었다. 충주비료공장 건설의 경우를 보면, 예정보다 3년 늦은 1961년에야 준공되었고, 준공 이후에도 상당 기간 정상조업률을 달성하지 못하였다. 준공이 늦어진 이유에는 여러 가지가 있었지만 처음에는 1,950만 달러였던 공사비가 1958년에는 3,000만 달러 이상으로 증가하게 되는 것이 주된 원인이다. 따라서 미국에서 더 많은 원조를 제공해 주지 않으면 공사를 완료할 수 없는 상황이었는데, 미국의 협조로 그 문제는 해결되고 준공이 이루어졌다.

충주비료공장은 제1비료공장(1비)으로 불렸으며 미국의 켈로그(M. W. Kellogg)사로부터 암모니아 공정을 도입하고, 서독 인벤타(Inventa)사에서 요소 공정 기술을 도입하였다. 건설은 1955년 5월에 미국의 맥그로 하이드로 카본(Mac Graw Hydro-carbon Co.)사와 계약을 체결하여 진행하였다. 많은 어려움과 문제점이 있었지만, 충주비료는 한국 최초의 화학 플랜트

이며, 결과적으로는 건설 및 운영 과정을 통해 국내 석유화학산업의 기반을 다질 수 있는 계기가 되었다.

비료공장을 건설하고 운영하기 위해 정부는 국내에서 관련 기술자 68명을 선발하여 미국·독일·스페인 비료공장에 유학을 보내 운영 방법을 익혀 오도록 하였지만, 여전히 국내 기술진 부족의 어려움을 겪었다. 당시 기술진은 공학계열 출신이면 가리지 않고 채용하였다고 한다. 전기·금속·토목과 출신은 물론이고 원자력·조선항공과 졸업생도 채용하였다. 훗날 이 기술진은 다른 비료공장의 건설과 운영에 참여하였고, 한국 화학비료공장 기술진의 핵심이 되었다. 그리고 이 기술진은 이후 정유산업과 석유화학산업에도 큰 기여를 하였다. 『충비10년사』에 나와 있는 임원진의 이동 상황을 보면, 충주비료의 기술진들이 한국의 석유화학 분야의 중심적인 역할을 수행하였음을 알 수 있다.

비료공장의 건설은 계속되어, 호남비료(2비)는 1958년 6월 착공하여 1962년 12월에 준공되었다. 서독 루르기(Lurgi)사를 포함한 5개의 회사로 구성된 컨소시엄(consortium)과 건설계약을 체결하였다. 호남비료 나주공장은 현대건설이 플랜트 분야에 진출한 첫 공사이기도 하다. 호남비료는 충주비료와 동일하게 연간 8만 5,000톤의 요소비료를 생산할 수 있는 규모로 건설되었다. 당시로서는 드물게 정부 보유 외화 2,700만 달러와 10억 원의 국내 자본이 투입되었다. 하지만 현대건설의 참여 부분은 일부 시공 등 극히 제한된 분야였다. 부족한 기술력으로는 상세 설계, 구매 조달, 시공(Engineering, PreProcurement, Construction)을 조화시키는 플랜트 건설을 감당하기 어려운 것이 당연하였다. 시공을 제외한 전 부문은 외국 기술진에 의존하였고, 시멘트, 철근, 용접봉 등의 기초 자재 또한 대부분을 외국에서 수입하였다(한국공학한림원 2020a: 394~396).

비료의 경우에는 최초의 비료공장에 이어 다른 비료공장들이 설립되고 생산을 시작함으로써 수입 비료를 국내 생산으로 대체하였다. 다만 시멘트에 비하면 수입대체가 늦어 수입대체율이 1963년 17%, 1967년 64%를 기록하고, 1970년대 중반에 가서 완전한 수입대체를 이루게 되었다. 하지만 비료산업의 중요성은 농업생산량의 증가를 넘어서 비료공장이라는 대형 화학공업 장치산업의 운영 경험과 기술 축적이 향후 석유화학공업의 발전에 큰 기여를 하는 것에 있다.

또한 농업이 주된 산업인 개발도상국에서 화학비료는 국내에서 수요처를 쉽게 찾을 수 있는 분야이기도 하다. 성공적으로 공장을 건설하면 판매에 대해서는 상대적으로 큰 걱정을 하지 않아도 된다는 장점도 있다. 다른 화학공업 제품들의 경우 선진국과의 경쟁에서 어려움을 겪을 수 있는 반면, 농업분야를 주된 대상으로 하는 화학비료는 상대적으로 그런 어려움을 적게 겪으면서 화학공업 분야의 경험 축적과 인력 양성을 할 수 있는 분야인 것이며, 이는 석유화학산업의 조성 및 기술 습득으로 직접적으로 연계되었다.

석유화학

정유공정은 원유를 석유제품과 기타 석유화학산업의 원료 제품으로 나누어 추출하는 과정이다. 이 중 석유제품은 크게 두 가지 용도를 가지는데, 하나는 자동차, 비행기, 선박 등 내연기관을 움직이는 동력에너지 역할이고, 다른 하나는 화력발전의 자원 역할이다. 석유는 한 국가의 에너지 산업의 근간을 이루는 기본적인 제품으로 직접적으로 석유제품을 생산할 수 있느냐 없느냐는 국가 경제의 발전에 매우 중요하다. 실제로 베트남 같은 나라는 석유화학공장을 운영하기 전에는 원유가 생산되지만 휘발유를 수입해서 사용하는 상황이었다.

해방 이후 1960년까지의 상황을 보면 남한은 만성적인 석유 부족 상황이었다. 식민지기에 일본이 건설한 유일한 정유공장은 북한의 원산지역에 위치하였고, 울산에 제2의 정유공장을 건설하던 와중에 해방을 맞이하게 되었다. 1948년 정부 수립 이후에도 석유 문제는 여전히 한국의 중요한 문제였지만 크게 나아지지 않았다. 석유 가격은 매우 높았고, 공급은 부족하였다. 1949년에 휘발유 한 드럼(200L)의 가격이 6만 원이었는데, 당시 대통령의 월급이 한 달에 5만 원이었다는 점을 감안하면 석유 가격이 얼마나 높았는지를 짐작할 수 있다.

한국 정부는 1949년 6월부터 일본이 1944년 건설하였던 조선석유 울산공장 복구사업을 준비하기 시작하였다. 어렵게 복구사업을 진행하였지만, 원유 수급을 위한 협상을 하던 중에 한국전쟁이 발발하였다. 따라서 정부의 울산석유공장 건설계획은 중단되었고, 한국전쟁 중에는 울산항에 미군의 유류 보급기지가 자리잡게 되었다. 과거 일본이 관련 시설의 약 70%를 구축해 두었고, 유류저장시설과 배가 접안할 수 있는 항구를 가지고 있었던 울산에 미군 유류저장시설이 입지한 것은 당연한 일이었다.

한국 정부는 제1차 경제개발 5개년계획에서 울산에 정유공장을 건설하고, 비료공장 3개를 추가로 건설하는 것을 목표로 하였다. 정부는 대한석유공사(유공)를 설립하고 울산정유공장 건설을 진행하였다. 대한석유공사는 1962년 10월 설립되었는데, 미국 걸프오일(Gulf Oil Co., 지금의 셰브론)이 투자를 하였고 경영에도 참여하였으며, 동시에 정유공장 운영기술도 전수하였다. 하지만 초기 정유공장에서 관련된 기술을 습득하고 기술진을 양성하는 일은 쉽지 않았다.

한국의 관련 기술은 매우 열악하였다. 예를 들어, 한국전쟁 도중 한국군의 무기를 담당하였던 부서는 남한보다 화학공업이 발달한 북한의 화학공업 수준을 파악하고 싶어하였다. 그리고 한국인 기술자 일행은 한국전쟁 도중 북한의 최대 화학공업단

지였던 흥남비료공장을 방문하여 사진을 찍고, 공장설계도와 원료흐름도 등을 가지고 내려왔다. 이때 확보한 공장설계도와 원료흐름도 등은 이후 한국의 화학공업 발달에 좋은 참고 자료가 되었다고 한다. 북한의 공장설계도와 원료흐름도를 전쟁 중에 가지고 내려와야 하는 것이 남한 산업기술의 현실이었다.

대한석유공사는 UOP(Universal Oil Products)사의 조사와 설계를 기본으로 하여 미국 플로어(Fluor)사와 계약을 체결하고 상세설계도면과 기자재를 공급받았다. 저장탱크는 미국 CBI(Chicago Bridge & Iron Co.)사가 시공하였다. 1963년 12월 하루 3만 5,000배럴의 처리 능력을 가진 정유공장이 완성되어 1964년부터 가동되었다. 1966년 대한석유공사는 일본 JGC사와 하루 5만 5,000배럴의 제2상압증류공장 건설계약을 체결하였다. JGC는 미국 UOP의 기본설계와 상세설계를 기본으로 1968년 공장을 완공하였다.

울산정유공장 건설에 있어 정유사업에 대해 알고 있는 기술진은 남한에는 그리 많지 않았다. 인력양성과 관련해서는 울산공장에서 공개 채용한 40명을 해외 기술훈련을 시키는 방식으로 진행하였다.

그 밖에도 현지 직업훈련이 이루어졌다. 하지만 엔지니어는 여전히 부족하였고, 따라서 초기 울산정유공장의 엔지니어 구성에는 식민지기에 일본이 북한지역에 건설한 정유공장에서 일하였던 엔지니어들도 포함되어 있었다. 또한 기록을 살펴보면, 울산에 정유공장이 건설된 이후 원산의 정유공장에서 일해 본 경험이 있는 노동자들이 울산으로 일자리를 찾아오고, 정유공장에서 일하는 사례가 발견된다.

> 아버지가 이북 원산에서 정유공장에 계시다가 해방되고 여기 기술자로 오신 거지. 아버지는 건축업인데 목수라고 보면 되죠. 정유공장 짓는 일을 하였어. (중략) 그러다가 분위기가 조금 이상하니까, 원산에서 아버지가 우리 식구를 델꼬 내려와 버렸지. (중략) 아버지가 서울에 정착하였다가 석유회사가 울산에 있으니까 여기에 왔는데, 한 달 만에 우리 아버지가 못 있겠더래요. 그때 너무 시골이니까. 음식이고 뭐고 전부 다 적응이 안 되니까. 회사에서 붙잡아갖고 이날 이때까지 여기서 살게 된 거지(울산발전연구원 2018: 236~237).

그리고 울산정유공장의 건설에는 비료공장을 건설하였던 기술진이 건설에 참여하였다. 석유화학 분야를 화학비료 분야에서 경험한 인력이 정유공장의 건설에 참여하게 되는 것이다.

많은 어려움이 있었지만 대한석유공사는 충주비료와 함께 한국의 화학공학 플랜트 건설의 기반이 되었다. 걸프, 플로어, JGC 등으로부터 화학공학 플랜트 건설기술과 운영기술을 배울 수 있었고, 많은 기술자와 기능공을 양성하였다. 이후 확장 단계에서는 예산 절감과 기술 축적을 위하여 저장탱크, 배관, 제품출하시설과 같은 부대시설 공사를 국내 기술진이 설계하고 감독하는 단계로 나아갔고, 국내 건설업체가 시공을 진행하였다. 초기의 플랜트 건설 단계에서 간단한 용접기술조차 국내 기술을 인정하지 않았음을 생각하면 이는 대단한 진전이라고 할 수 있었다.

비료공장은 계속 늘어나 1967년에는 영남화학(3비), 진해화학(4비), 한국비료(5비)가 준공되었다. 영남화학은 스위프트(Swift Company)와 스켈리오일(Skelly Oil Company)사가 구성한 투자단과의 합작으로 1964년 5월 울산에 건설을 시작하여, 1967년 3월 준공하였다. 진해화학은 미국 걸프사와의 합작으로 1964년 6월 진해에 공장 건설을 추진하여, 1967년 8월 준공하였다. 한국비료는 삼성이 일본의 미쓰이

물산(三井物産)과 공장 건설계약을 체결하고, 1965년 12월에 착공하여 1967년 4월에 준공하였다.

정부는 정유 제품의 자급률을 높이기 위해 정유 공장을 민간 주도로 하나 더 건설하기로 계획하였다. 1967년 5월, 럭키금성그룹은 미국 셰브론(Chevron Co.)의 자회사인 칼텍스(Caltex)사와 합작하여 호남정유를 설립하였다. 정유공장은 여천에 1967년 2월 착공을 시작하였고, 1969년 6월 준공하였다. 미국 기술진이 조사 및 준비 과정을 주도하였고, 미국 UOP의 자회사인 프로콘(Procon)과 건설계약을 체결하고 하루 6만 배럴의 원유를 처리할 수 있는 공장을 건립하였다.

1970년 1월 정부는 정유공업의 다음 단계인 석유화학공업을 울산에서 추진하였다. 석유화학산업의 중추인 나프타(naphtha)• 분해공장과 BTX(Benzene, Toluene, Xylene)• 공장의 건설은 대한석유공사가 주도하였고, 다른 공장은 3비, 4비를 건설한 경험이 있고 훈련된 기능공과 운영 경험이 있는 충주비료가 담당하였다. 울산 석유화학단지는 1972년 10월 준공되었다. 유공은 나프타 분해공장 공정기술을 켈로그(M. W. Kellogg)사로부터 도입하고, 건설계약도 체

나프타: 휘발성 석유를 총칭하는 말로 석유화학 기초 원료로 사용된다.

BTX: 방향족 탄화수소의 대표적인 화합물. 특유의 냄새가 나는 무색의 액체로 화학산업의 기초로 사용된다.

결하였다. 사이클로헥산(cyclohexane)•은 UOP의 기술을, BTX 추출공장은 셀(Shell)사 기술을 기본으로 하고, 건설계약은 일본 JGC와 맺었다. 하류 부분에서는 외국 회사와 기술 제휴를 하였고, 외국 건설사와 턴키(Turn Key) 방식으로 건설을 진행하였다. 여기서 Turn Key 방식이란 Key를 꽂아 돌리면 모든 설비들이 가동되는 상태로 인도된다는 의미의 건설공사계약 방식을 말한다.

사이클로헥산: 나일론을 생산하기 위한 중간재의 원료로 사용되는 재료.

플랜트 분야에 빠르게 참여한 대림산업, 현대건설은 사내 플랜트 전문 조직을 만들고 국내외 플랜트 사업에 적극적으로 진출하였다. 대림산업은 울산의 정유공장, 석유화학공장 건설에 참여하였고, 여천의 정유 및 석유화학공장 건설에 참여하였다(한국공학한림원 2020a: 394~398).

호남비료 나주공장에서 플랜트 건설에 처음 참여한 현대건설은 진해화학, 한국비료 울산공장 건설에 계속 참여하여 기술을 축적하였다. 한국비료 울산공장의 설계와 주요 장비 제작 등은 외국 기술에 의존하였지만, 현대건설은 암모니아와 요소 공장 등 주기기와 유틸리티 시설• 시공을 전반적으로 진행하여, 플랜트 시공 능력을 향상시켰다.

유틸리티 시설: 정유와 석유화학공장에서 제품을 만들기 위해 꼭 필요한 공공 요소, 즉 전기, 공업용수, 스팀, 수소, 히터, 연료 등을 뜻한다. 이러한 유틸리티를 생산해서 필요한 곳에 공급하기 위한 시설이나 장치를 유틸리티 시설이라 한다.

1964년 울산정유공장
자료: 한국정책방송원.

현대건설이 1964년 6월에 완공한 단양시멘트공장 또한 현대건설의 플랜트 시공 능력을 향상시켰다. 시멘트공장은 기술 수준이 높지 않은 편에 속하지만, 현대건설은 그 당시 설계와 감리, 설비 제작과 공급 등 주요 분야에 미국 기술의 도움이 필요하였다. 하지만 시공 분야에서는 계속 기술을 축적하여 공기를 단축하고, 시멘트공장을 완공하였다. 단양시멘트공장 건설 현장은 현대건설의 기술자 양성소가 되었다. 단양시멘트공장은 시멘트 수요가 빠르게 증가함에 따라 1968년과 1974년 두 차례 증설 공사를 하였는데, 공사를 할 때마다 플랜트 기술을 축적하는 기회가 되었다.

1960년대 비료공장과 시멘트공장에서 플랜트 기

술을 축적한 현대건설은 1970년대 규모가 크고, 정교한 시공이 필요한 정유 및 석유화학 공장 건설에 적극적으로 참여하였다. 1968년 대한석유공사 울산공장의 확장 공사, 호남정유 정유공장 건설에 참여하였던 현대건설은 1970년대 울산 석유화학단지 건설이 본격적으로 시작되면서 한 단계 더 나아가게 되었다. 울산 석유화학단지는 나프타 분해공장을 비롯한 13개의 관련 공장을 건설하는 거대한 사업이었다. 현대건설은 1971년 대한석유공사의 원유 처리 확장 공사를 진행하고, 합성고무공장과 카프로락탐• 공장, 에탄올공장 등을 연속으로 건설하여 석유화학 플랜트 관련 기술 축적을 이루어 냈다(현대건설 2022b: 158~159).

카프로락탐: 나일론을 생산하기 위한 중간 재료.

정유사업의 경우에는 다른 산업과 달리 과거로부터의 연속성이 잘 드러나고 있다. 한국의 첫 정유공장이 울산에 세워지게 된 것에는 많은 이유가 있지만, 그중 결정적인 것은 1944년 일본이 원산에 이어 울산에 정유공장을 짓기 시작한 것이었다. 일본은 식민지기에 울산을 공업도시로 만들 계획을 수립하였다. 울산에 있는 갯벌을 매립하고, 공업도시를 만들기 위해 토지를 매입하여 넓은 면적의 국유지를 확보하였다. 그리고 울산항 주변의 수심을 조사하고, 유조선이 들어올 수 있는 항만을 개발하였다.

정유공장을 만드는 데는 여러 가지 어려움이 있었지만 정유공장이 완성되자 매우 큰 효과가 나타났다. 첫 번째는 석유류의 공급 가격이 기존 가격의 절반 가까이로 내려갔다. 따라서 산업에 필요한 에너지를 저렴하게 공급할 수 있게 되어 경제개발의 기반을 제공해 줄 수 있었다. 그리고 석유제품의 국내 생산으로 석유제품의 가격이 낮아지자, 국내 석유 수요는 곧 급격히 늘어나게 되었다. 그리고 정유공장의 생산량도 수요에 맞추어 공장을 증설하고 생산량을 늘려나갔다. 정유공장의 설립으로 원유는 계속 수입하였지만 휘발유와 같은 최종 제품은 수입대체가 이루어지게 된 것이다.

정유공장이 성공적으로 건설되고 운영되자, 대한석유공사에서는 나프타 분해공장의 설립을 추진하고 1969년 건설계약을 체결하고 진행하였다. 나프타를 추출하고 분해하는 공장이 생기면 나프타에서 합성수지, 합성고무 등을 생산하는 원재료를 추출할 수 있게 된다. 그리고 그러한 석유화학제품들은 자동차, 비행기, 가전제품, 의료기기, 신발, 건축자재 등에 널리 사용할 수 있어 관련 산업의 발전에 도움이 되는 것이다.

정유공장의 설립은 한국의 엔지니어링 분야에도 큰 도움을 주었다. 1963년 정유공장을 세울 때에는 대부분의 기술을 외국 기술에 의존해야 하였고, 예비조사, 기본설계, 기자재 발주, 저장탱크 공사 같은 일은 모두 외국에 맡겨야 하였다. 대한조선공사에서 송유관 부설 공사의 하청업체로 들어간 것이 유일한 국내 기업의 참여였다. 하지만 공장 설립 경험은 경험 축적으로 이어져, 정유공장의 1차 확장 공사에는 국내 기술진이 중요한 역할을 맡게 되었다. 1966년에는 증산 공사에서 한국 기술진이 탱크, 배관 등의 부대시설을 설계·감독하고, 국내 건설업체가 시공에 참여하게 되었다. 그리고 이는 1968년의 윤활유 배합공장으로 이어졌고, 윤활유공장은 국내 기계산업의 발전에도 기여하게 되었다.

3

전기와 원자력

전기

원자력

전기

해방 이후 남한은 전력을 거의 북한에 의존하였다. 전체 발전설비 용량 1,938MW[•] 중 88%인 1,697MW는 북한에 위치하였다. 남한이 가진 발전설비 용량은 청평·칠보·운암·보성강 4개 수력발전소에서 70MW, 영월화력에서 125MW, 당인리화력에서 28MW, 부산화력에서 18MW로 241MW만을 생산하는 것이 전부였다. 다시 말해, 1945년 이후에 남한지역의 화력발전소는 영월과 당인리, 그리고 부산 3곳밖에 없었다.

1MW: 1MW=1,000kW =1,000,000W.

부산화력발전소의 경우 식민지기인 1920년대 초반에 건설된 노후시설이었다. 당인리화력발전소는 1930년에 건설된 1호기와 1935년에 건설된 2호기가 서울지역의 전기를 담당하고 있었고, 석탄이 많은 지역에 위치한 영월화력발전소의 경우에는 1937년 시운전 중에 진동이 일어나고, 석탄의 질이 좋지 않으며, 공급도 원활하게 이루어지지 않아 많은 문제점을 가지고 있었다. 해방 이후 남한의 전기 생산은 많은 수력발전소를 가지고 있는 북한에 비하면 매우 적은 수준이었다. 이는 경제발전의 근간이라고 할 수 있는 에너지 분야의 산업 기반이 거의 없었음을 알려 준다.

1948년 5월 북한은 남한으로의 전력 공급을 중단하였고, 남한지역은 심한 전력난에 시달리게 되었다. 남한의 전력난은 매우 심각하여 미국으로부터 4척의 발전함이 긴급 도입되어 최소한의 전기를 공급하게 되었다. 남한의 생산시설은 큰 어려움을 겪었고, 가정에는 격일제나 3부제로 제한송전이 실시되었다. 이후 한국전쟁이 발발하였고 전쟁으로 인해 발전의 40%, 송전의 20%, 배전의 60%가 손실되어, 1950년 8월 전력 생산량은 11MWh(Mega Watt hour)• 까지 줄어들었다. 1951년부터 정부는 전력복구대를 긴급 조직하여 복구 공사를 시작하고, 복구 결과 한국전쟁 전보다 더 높은 발전 실적을 내었지만, 그 발전 실적조차 수요 전력에 크게 미치지 못하였다.

MWh: 시간당 전력 생산량을 나타내는 단위.

1953년 5월 한국 정부는 유엔군사령부와 전력에 관한 협정을 체결하고, 12월에는 제1차 전력개발 3개년계획을 수립하여 367MW의 전력을 생산하겠다는 목표를 세웠다. 만성적으로 부족한 상태였던 전기를 공급하기 위해 발전소를 건설하기로 하였다. 1954년 5월에는 미국 벡텔(Bechtel)사와 무연탄을 주연료로 하는 25MW급 화력발전기 4기를 건설하는 계약을 맺었다. 자금은 미국 FOA(Foreign Operation Administration, 대외활동본부)의 원조자금 3,000만 달러를 사용하였다. 서울화력(당인리) 3호기, 마산화력 1, 2호기, 삼척화력 1호기를 건설하기 시작하여 1957년 차례로 준공하였다. 당시 서울에는 1930년에 일본이 당인리에 화력발전소 1호기와 2호기를 건설하였는데, 3호기를 추가로 건설한 것이다. 현대건설은 당인리 3호기 건설에서 미국 회사인 벡텔사가 용접조차 국내 기술을 인정하지 않았다고 기록하였다. 이는 한국의 기술에 대한 외국 기업의 신뢰가 거의 없었음을 보여 준다. 현대건설은 마산화력발전소 공사에도 참여하였다.

1961년에는 정부의 주도로 민간에서 운영하던 3개의 발전사를 통합하여 한국전력이라는 국영기업으로 발전산업을 통합하였다. 한국전력이 설립될 당시의 총 발전 설비는 367MW였는데, 그중 발전이 가능한 출력은 322MW였지만, 이는 당시 전력 수요인 435MW에 크게 부족한 수준이었다. 심각한 전력난을 해소하기 위해 한국전력은 긴급 전력 대책을 수립하였고, 발전함 레지스턴스호가 도입되었다.

또한 왕십리, 목포, 제주 등에 디젤엔진을 이용한 내연기관 화력발전소를 건설하였다. 내연발전소는 짧은 건설 기간으로 전력난을 빠르게 해결하는 데 유용하였다.

제1차 경제개발 5개년계획 기간 중에는 삼척화력 2호기(1963년 12월 준공), 부산화력 1, 2호기(1964년 8월 준공, 66MW*2), 영월화력 3, 4호기(1965년 2월 준공, 50MW*2) 등이 건설되었다. 현대건설은 삼척·부산·영월 발전소 공사에 모두 참여하였다. 1964년 4월 3개의 발전소가 추가로 건설되고 난 뒤, 해방 후 계속되던 제한송전을 해제하게 되었다. 해방 후 20년 가까이 지난 이후에야 국민들이 큰 어려움 없이 전기를 쓸 수 있게 된 것이다. 1965년에는 석탄이 많은 영월지역에 독일 회사의 감독만을 받은 채, 국내 기술진이 주체가 되어 발전소가 건설되었다. 1966년 말에는 설비 용량이 총 769MW로 늘어나게 되었다. 하지만 전력 수요가 계속 증가하여, 1967년 하반기부터 1년 정도의 기간에 걸쳐 다시 한 번 제한송전이 실시되었다.

한국 정부는 전력 문제를 해결하기 위하여 민간 주도의 전력회사도 활용하기로 하였다. 1967년 동해

전력(쌍용그룹), 경인에너지(한국화약, 미국 유니온오일 합작), 호남전력(럭키그룹) 3개의 민간 전력회사를 설립하였다. 동해전력은 울산에 220MW 3기, 호남전력은 여천에 300MW 2기, 경인에너지는 인천에 162MW 2기의 유류발전소를 건설하였다. 그러나 동해전력과 호남전력은 송배전 계통의 문제로 전력구매계약(Power Purchase Agreement: PPA)을 체결하지 못하였고, 1972년(동해전력)과 1973년(호남전력)에 한국전력에 흡수되었다.

1967년에는 제2차 전원개발 5개년계획이 시작되었다. 이 시기에는 유전소화력(油專燒火力)이 집중적으로 건설되었다. 당시에는 석유 가격은 매우 낮았지만, 석탄 가격은 높았기 때문이다. 하지만 1973년 국제 원유 가격이 급격히 상승하자 수력과 원자력을 포함한 발전연료의 다원화가 시도되었다. 이 기간 중에 팔당수력, 소양강수력, 안동수력, 대청수력, 안흥소수력 등이 건설되었다(한국공학한림원 2020a: 373~375).

정부가 제1차 경제개발 5개년계획과 전원개발(電源開發) 5개년계획을 세워 발전소 건설에 주력하였던 시기 국내에는 발전소 시공 능력을 갖춘 회사가 없었다. 따라서 발전소 건설은 미국과 서독, 일본 등의 기술에 전적으로 의존하여 건설되었다. 현대건설은 발전소 건설에 참여해 기술과 경험을 축적하고, 1965년에는 100MW급의 영월 제2화력발전소를 서독 지멘스사(Siemens)와 만(MAN)사의 기술지도 아래 단독으로 시공하고, 1966년 66MW급 군산화력발전소를 미국 MWK와 합작의 형태로 완공시켰다. 이러한 과정을 통해 발전소 건설기술을 습득한 현대건설은 제2차 전원개발 5개년계획 기간에는 보다 주도적인 위치에서 청평화력발전소, 화천수력발전소, 인천화력발전소, 울산가스화력발전소 등의 건설에 참여하게 되었다.

1969년부터 1978년까지 건설된 인천화력 1~4호기는 현대건설의 발전소 건설 능력이 자립 단계에 이르렀음을 보여 주기 시작하였다. 4대의 발전기로 1,150MW의 전원을 마련한 이 사업에서 현대건설은 설계를 제외한 구매 조달과 시공, 시운전까지 모든 부문을 실행하였다. 같은 해 12월 공사를 시작한 평택화력 1, 2호기에서 현대건설은 설계를 포함한 전 부문을 자체적으로 완공하게 되었다.

두 번에 걸친 전원개발 5개년계획에 적극적으로

참여한 현대건설은 송·변전 공사에도 활발하게 참여하였다. 1960년대 송전 계통은 66kV에서 154kV급으로 승압되기 시작하였다. 현대건설은 양재·부평·송현·제천 송전선과 같은 154kV급 대규모 송전선로 공사에 활발하게 참여하였다. 그리고 이 경험을 바탕으로 1970년대 시작된 345kV급 송전선로 건설에서도 적극적으로 참여할 수 있었다. 현대건설은 변전소로는 송현변전소, 제천변전소, 서소문변전소 등을 건설하였다(현대건설 2022c: 24~25).

원자력

한국 정부의 원자력 발전에 대한 관심은 전력 공급에 큰 어려움이 있었던 1950년대부터 시작되었다. 이승만 대통령을 만난 시슬러(W. Cisler) 박사는 원자력은 두뇌로 캐는 에너지라며 원자력 발전의 유용성을 설파하였다. 원자력 발전으로 전력난을 해결할 수 있다고 생각한 정부는 1956년 2월 미국과 원자력협정을 체결하고, 1958년 원자력기본법을 제정하였다.

정부는 매해 국비 유학생을 미국으로 보냈고, 원

자력 관련 인력 양성 정책은 제1차 원자력개발 5개년계획을 수립한 후 체계적으로 전개되었다. 1959년 2월 원자력연구소가 설립되었고, 7월에는 연구용 원자로 TRIGA MARK II가 도입되었다. 원자로는 미국의 GA(General Atomic)가 공급하였고, 건설과 감리는 미국 Holmes & Narver에서 실행하고, 시공 하청은 중앙산업이 진행하였다. 1967년 정부 부처로 원자력청이 설치되어, 원자력발전소 건설계획을 구체화시켰다. 실시된 타당성 조사에서 원자력 발전은 기존의 화력 발전보다 경제성이 높다고 평가되었다. 1968년 5월 번즈앤로우(Burns & Roe)사가 본격적인 조사를 실시하였고, 5개월의 조사 후에 기술성·안전성·경제성 면에서 500MW급 원자력발전소를 1974년경에 준공하는 것이 타당하다는 안을 제시하였다.

1970년 말 양산에 고리원자력 1호기 건설이 시작되었다. 고리 1호기 공사는 공사 기간 60개월을 목표로 1975년 말 준공하는 것을 계획하였다. 하지만 공사는 지연되었고, 석유 가격 상승으로 인한 원자재 가격의 급상승 등으로 인하여 1978년 4월 준공되었다. 자금은 미국과 영국에서 차관을 공여받아 사용하였고, 자력으로 발전소를 건설한 경험이 있는 현대건설과 동아건설이 일부 하청으로 참여하였지만, 전 부분이 외국 회사 주도로 건설되었다.

고리 1호기 건설이 진행되고 있던 1973년 4월 캐나다원자력공사(Atomic Energy of Canada Limited: AECL)는 한국의 원자력 개발 분야에 참여를 요청하였다. 1973년 6월 파견된 한국 정부 조사단은 캐나다가 개발한 가압중수로형 원자로(Canada Deuterium Uranium Reactor: CANDU Reactor)의 건설비는 다소 높지만 천연우라늄을 연료로 사용하여, 운영비가 낮다고 보고하였다. 또한 미국만 공급할 수 있는 농축우라늄에 비하여 안정적으로 연료를 공급할 수 있다고 보고하였다. 1973년 8월 캐나다원자력공사는 차관 제공을 제안하며, 월성 1호기를 캐나다의 하이드로퀘벡 전력회사가 건설 중인 600MW급 벤틀리 2호기와 같은 가압중수로로 할 것을 건의하였다. 석유파동으로 인하여 경제적 어려움을 겪고 있던 정부는 고리 1호기에 이어서 원자력 2, 3호기의 빠른 도입을 추진하였고, 1973년 11월 구매의향서를 발급하였다. 월성원전 1호기(677MW)는 고리 2호기와 비슷한 시기인 1977년 5월 착공하여 1983년 4월 준공되었다(한국공학한림원 2020a: 380~382).

고리 1호기 건설에서 현대건설이 맡은 작업은 토건 25억 3,000만 원, 기기 26억 8,400만 원을 포함해 전기, 격납용기 설치, 기초 굴착 등 68억 3,000만 원뿐이었다. 주계약자인 웨스팅하우스(Westinghouse)사는 시공 분야별로 별도의 회사를 두어 현대건설, 동아건설, 유양원자력 등 국내 시공사를 감독하였다. 1차 계통(원자로 계통)의 시공 감독은 REL(Reactor Equipment Ltd.)사, 전기 계통의 시공 감독은 NPC (Nuclear Power Co.)사, 토목·건축 시공 감독은 EEW사가 맡았다. 이렇게 원전 개발은 전적으로 외국 기업에 의존하는 상황에서 시작되었다.

현대건설에게는 지속적으로 원전사업에 참여할 수 있는 시공기술 자립이 매우 중요하였으며, 원전 건설기술의 습득과 확보는 핵심 과제였다. 감독 회사들은 시공 전 부문을 엄격하게 통제하였다. 현대건설은 감독 회사들을 기술점령군으로 느낄 정도였다. 원전 건설은 한 치의 오차도 허용하지 않았으며, 도면, 시방서, 절차서를 철저하게 준수하고 감독받는 것은 매우 어려운 일이었다.

그중 가장 어려운 것은 까다로운 품질보증 절차였다. 안전성과 신뢰성에 최우선을 두는 원자력 발전의 품질보증은 관련 업무 모두를 계획, 절차, 지시 또는 지침 등으로 문서화해야 하였다. 고리 1호기 건설의 발주처는 한국전력이었는데, 미국의 야누스(Janus)사와 품질보증 용역계약을 체결하였다. 그리하여 고리 1호기 건설에는 철저한 미국식 품질보증 시스템이 적용되었다. 이를 통해 현대건설은 기록에서 시작하고 기록에서 끝내는 미국식 시스템에 적응해 나가게 되었다.

원전의 품질보증 시스템은 중요도와 기능에 따라 네 가지 품질등급으로 구분된다. 원자로, 연료 등 안전성과 직결되는 품목은 Q등급(Safety Related Items), 기능이 상실될 경우 안전성에 영향을 미치는 품목은 T등급(Safety Impact Item), 터빈이나 발전기처럼 발전소의 신뢰도를 좌우하는 품목은 R등급(Reliability Item), 일반산업 품목은 S등급(Industrial Standard Item)으로 분류된다.

현대건설이 담당한 1차 계통 설비는 대부분이 Q등급이었고, 절차가 매우 엄격하였다. 웨스팅하우스사는 계획서와 절차서 없는 공사를 인정하지 않았다. 절차서를 처음으로 작성해 보는 상황에서, 품질보증 요건에 맞추어 영어로 작성하는 것은 매우 어려운 작업이었다. 모든 절차서는 웨스팅하우스사가 승인할 때까지 계속 수정·보완되었다. 웨스팅하우스사는 공사 도중 수시로 품질검사도 실시하였다. 품질은 선택사항이 아니었다. 완벽한 품질을 얻기 위해 콘크리트를 재타설해야 할 경우 이는 현대건설의 몫이었다.

콘크리트는 고리 1호기 건설 과정에서 현대건설을 계속 어렵게 하였다. 국산 시멘트는 품질이 균일하지 않았고 높은 알칼리 함량으로 미세균열을 일으킬 위험이 높았다. 웨스팅하우스사를 비롯한 감독 회사들은 시멘트를 수입해 사용할 것을 요구하였다. 기자재의 국산화 또한 중요하였던 현대건설은 그 문제를 해결해야 하였다. 시멘트 문제는 결국 단양 현대시멘트공장을 통해 해결되었다. 미국의 시멘트 품질 전문가를 초빙해 점검을 실시하고, 공정을 개선해 감독 회사들의 요구조건을 만족시켰다.

용접기술도 철저한 품질관리를 통과해야 하였다. 일반적인 용접기술로는 원자로 건물에 들어가는 두께 3.1cm 이상의 철판을 깔끔하게 이어붙일 수 없었다. 감독 회사들은 용접 기능공 전원에 대한 테스트를 실시하여 용접 부위에 문제가 없는지를 엑

스레이를 통해 확인하고 합격 여부를 결정하였다. 미국의 원자력 발전 품질보증 시스템에서는 용접과 비파괴 검사 등의 특수작업에 대해 소정의 자격을 가지고 있는 기능공에게만 작업을 허용하였다.

하지만 당시 한국에는 고급기술을 가진 용접사가 없었으며, 두꺼운 원전용 철판을 용접해 본 경험을 가지고 있는 기능공 자체를 찾기가 어려웠다. 현대건설은 현장에 컨테이너 건물을 설치하고 용접사 60명을 한 달간 훈련시켜 테스트를 해 보았지만 실패하였다. 현대건설이 문제를 해결한 것은 울산조선소를 통해서였다. 최고의 용접기술자들이 모여 있는 울산조선소에서 기능공을 모집해 훈련을 하고 시험을 치르도록 하였다. 그런 어려운 과정을 거쳐 현대건설은 원자로 계통의 18개 Q등급을 만족시킬 수 있었다.

고리 1호기에서 축적된 기술과 경험은 고리 2호기 건설에 활용되었다. 1977년에 착공을 시작한 고리 2호기도 외국 기업들에 의해 주도되는 턴키 방식의 공사였다. 하지만 현대건설의 참여 분야는 한층 확대되어, 고리 2호기의 1차 계통 공사를 주도하고, 현장설계와 품질관리, 기술관리를 담당하여 원전기술 자립을 위한 경험을 쌓아 나갔다. 가압중수로가 사용된 월성 1호기의 1차 계통 수행을 통해 현대건설은 경수로(고리 1, 2호기)와 중수로 원자로를 모두 시공하는 경험을 보유하게 되었다. 그리고 사업자 주도형의 넌턴키(Non Turnkey) 방식을 채택한 고리 3, 4호기 건설에 단독시공업체로 선정되었다(현대건설 2022b: 188~191).

해방 이후 한국 정부가 발전소를 건설하기 시작하였을 때는 용접기술조차 외국 회사의 인정을 받지 못하던 것이 한국이 가진 발전소 건설 기술력의 수준이었다. 하지만 기술은 점점 습득되었고, 1965년에는 영월에 독일 회사의 감독만을 받은 채, 현대건설 국내 기술진이 주체가 되어 발전소를 건설하였다. 그리고 현대건설은 지속적으로 발전소 건설에 참여하여 기술자립을 이루어 나갔다. 1970년대 초 정부가 발전소 국산화 정책을 선언하는 데에는 용접기술도 인정받지 못하는 기술 수준에서 턴키 방식으로 화력발전소를 시공할 수 있게 된 국내 업계의 노력이 있었기에 가능하였던 것이다. 원자력발전소 또한 비슷한 과정을 거쳐 원자력 발전설비의 국산화 단계까지 도달하게 되었다.

4

자동차와 철강

.... 자동차

.... 철강

자동차

해방 이후 자동차 분야의 기술 원천은, (1) 일본 및 미군 차량 정비 경험, TM(정비지침서), (2) 부품 생산 및 미군 납품에 필요한 미군 검사규격, (3) 일본에서 귀국한 자전거 및 자동차산업 관련 기술자, (4) 일본 및 독일 기계 도입에 따른 부대기술, (5) 한국 군대 수송 장교 등을 통해 이루어지는 기초적인 수준이었다. 당시의 기술 도입은 모방이나 부품을 분해해 보는 역행적 엔지니어링(reverse engineering) 등 비공식적인 기술이전 방법이 주를 이루고 있었다. 그리고 실행에 의한 학습(learning by doing)을 통해 정비기술과 자동차부품 제조기술을 획득하였다(한국공학한림원 2020b: 47~48).

이후 진행된 기술 도입 단계는 부분분해부품(Semi Knock Down: SKD) 조립기와 완전분해부품(Complete Knock Down: CKD) 조립기로 구분된다. 새나라자동차, 아시아자동차, 현대자동차, GM코리아 등이 설립되었고, 국내 자동차 회사들은 일본·미국·유럽 회사의 자동차 모델을 조립하는 방식을 사용하였다.

1962년부터 1967년까지 SKD 조립 단계에서 도입하였던 외국 기술은 모두 3건이었다. 1966년 도입된 2건의 기술은 기아산업이 오토바이와 트럭 생산을 위한 기술이었다. 기아자동차는 이륜 자전거, 삼륜차, 트럭 등을 생산하였고, 1973년 6월 경기도 시흥에 연간 2만 5,000대를 생산할 수 있는 종합 자동차 공장을 완공하였다. 1974년 일본 마쓰다와 기술 제휴로 브리사를 생산하면서 승용차 산업에 진출하였다.

1967년에 도입된 다른 기술 1건은 아시아자동차가 이탈리아 피아트-124 모델의 조립, 생산을 위해 도입한 것이었다. 아시아자동차는 재정이 어려워 1974년 정부가 요구하는 고유 모델 승용차 개발에 참여하지 못하였다. 아시아자동차는 버스·트럭 및 군용차 생산으로 특화하였지만, 경영악화로 1976년 기아자동차에 인수되었다.

신진자동차는 1966년 일본 도요타와 기술 제휴를 하고 코로나를 조립, 생산하였다. SKD 생산 방식으로 조립, 생산한 코로나의 차체는 프레스가 완료된 형태로 수입되었다. 조립 및 페인팅의 작업은 한국에서 이루어졌기 때문에 프레스를 위한 금형 작업은 필요 없었다. 주요 기능 부품인 엔진, 변속기,

차축, 제동장치, 조향장치 등도 일괄적으로 수입되었다. 조립을 위한 기술은 KD 공급업체인 도요타에서 제공한 조립지침서와 검사규격에서, 그리고 한국에 초청된 도요타 기술자의 현장지도로 획득할 수 있었다. 코로나는 국내 시장에서 높은 점유율을 확보하였지만, 도요타자동차가 중국 시장 진출을 위해 한국에서 철수 결정을 하였다.

1972년 신진자동차는 GM코리아(GM과 50:50 합작)를 설립하고, 시보레-1700을 국내에서 조립, 생산하였다. GM코리아는 GM본사로부터 CKD 자동차 조립 기술을 도입하였다. 하지만 한국 소비자는 이 모델을 선호하지 않았고, 기아자동차의 브리사(1974)와 현대자동차 포니(1976)에 비해 인기가 없는 모델이 되었다. 이후 GM코리아는 새한자동차라는 이름으로 산업은행의 관리를 받다가 1978년 대우그룹에 인수되었다.

1967년 12월 설립된 현대자동차는 영국 포드로부터 기술을 도입하고 1968년부터 포드 승용차 코티나, 포드-20M 및 버스 R-192, 트럭 D-750을 생산하였다. 현대자동차는 정부의 고유 모델 정책에 적극 협조하였다. 고유 모델 개발 초창기에는 폭스바겐,

포드 등과 합작을 협의하였지만, 협상이 결렬되었다. 이후 현대자동차는 일본 미쓰비시로부터 포니용 엔진, 변속기, 뒤 차축 생산을 위한 기술을 도입하여 고유 모델 포니를 개발하였다.

현대자동차는 영국 자동차 회사 BLMC의 중역 출신 턴불(George Henry Turnbull)을 부사장으로 영입하고, 프레스·도장·검사 분야 등에 6인의 영국 기술자를 고용하여 포니 생산의 기술적 어려움을 해결하였다. 기술자들은 생산에 필요한 기술을 현장에서 즉각 해결하는 데 도움을 주었고, 도면이나 설비, 지침서에 필요한 형식지기술(explicit knowledge)과 암묵지기술(tacit knowledge)을 전달해 주었다.

SKD 및 CKD 조립 단계에서 자동차 회사들은 KD 공급업체들로부터 자동차공장 건설 및 자동차 조립 기술(생산, 품질관리, 생산관리), 부품 생산기술을 도입하였다. 1966년 코로나 모델의 국산화율은 21%였으며, 1967년 피아트-124 국산화율은 30%, 1973년 코티나 국산화율은 60% 정도였다(한국공학한림원 2020b: 61~62).

기술체화 단계에서 한국 자동차 회사들의 전략은 큰 차이가 있었다. GM코리아는 정부의 고유 모델 개발정책을 따르지 않았고, 내수를 중심으로 하는 전략을 선택하였다. 하지만 현대자동차는 정부의 고유 모델 개발정책에 적극 참여하고, 수출을 추진하는 적극적인 전략을 선택하였다. 포니는 현대자동차가 미쓰비시 랜서의 플랫폼을 베이스로 제작하였고, 디자인은 이탈리아의 차체 디자인 회사에 맡겼지만 국산화율은 90%에 달하였다(한국공학한림원 2020b: 65~66).

Hyundai Pony
자료: Dennis Elzinga.

포니 픽업 자동차
자료: 국립민속박물관.

1975년 현대자동차는 공장 설계기술을 일본 미쓰비시에서 도입하고 울산에 연간 5만 6,000대의 포니를 생산할 수 있는 종합 자동차공장을 준공하였다. 울산공장의 연간 생산 능력은 이후 7만 6,000대로 늘어나고, 1979년에는 10만 대로 확장되었다. 이는 생산 중인 공장을 증설하는 어려운 공사였다. 생산 능력을 10만 대로 확장하는 공사 예산은 계획 단계에서는 250억 원이었으나, 완공하는 데 소요된 공사비는 450억 원으로 집계되었다.

이는 당시 현대자동차가 공장 증설을 위한 프로젝트 관리(project management)에 어려움을 겪었음을 보여 주고 있다. 현대자동차는 이러한 시행착오를 통하여 자동차공장 건설기술과 프로젝트 관리기술을 축적하였고, 캐나다, 인도, 중국, 미국 등지에 해외 공장 건설을 빠르게 확대하면서 관련 기술을 향상시켰다. 2006년 슬로바키아 공장 준공식에서 현대자동차는 자사가 전 세계에서 자동차공장을 가장 싸고 빠르게 지을 수 있다고 발표하였다.

1950년대 후반 현대건설은 사업 영역을 확대해 나갔다. 확대된 영역에는 초동 자동차 서비스공장에 중기사무소를 설치하고 건설 중기를 제작하는 사업이 포함되어 있었다. 현대건설은 시멘트와 같은 건설 자재를 직접 생산하면서, 건설 중기도 제작하여 건설 관련 기업군을 시작한 것이다(현대건설 2022c: 21). 현대건설 조직은 총무부, 경리부, 공무부, 자재부, 기술부의 5대 부서로 조직되었고, 기술부는 총괄사업부의 형태로 토목, 건축, 기계, 전기 등 다양한 건설 분야를 총괄하였다. 1961년 국내 건설에서 점점 기계화 시공의 비중이 높아졌고, 현대의 중기공장도 확장 이전하게 되었다. 1957년 초동 현대자동차공업사 자리에서 문을 연 중기공장은, 서울 용산 일대의 넓은 부지와 현대식 공장 건물을 가진 장소로 이동하였다(현대건설 2022c: 23).

현대건설의 중공업 진출은 정부의 계획보다 앞서 있었던 측면이 있다. 1967년부터 현대건설은 자동차공업을 시작하였는데, 본래 현대건설은 현대자동차공업과 현대토건의 합병으로 출발한 회사였으므로 자동차공업은 현대건설과 처음부터 밀접한 연관을 가지고 있었다. 또한 자동차공업 역시 건설업처럼 종합조립업의 특징을 가지고 있다. 기계공업이지만 철강, 비철금속 등의 기초 소재를 필요로 하고, 유리, 플라스틱, 석유 등 화학공업과 관련된 제품군과 전자공업까지 결합시키는 산업이므로 현대건설의 접근이 용이하였다.

1967년 12월 현대건설은 현대자동차공장 건설을 맡아 1968년 말 울산공장을 완공하였다. 1973년 연간 5만 6,000대 규모의 자동차 생산공장을 건설하는 것 또한 현대건설이 맡았다. 이 공장 건설에는 영국, 프랑스, 일본 등지에서 들여온 외자 약 7,200만 달러와 내자 2,800만 달러가 투입되었다. 현대건설은 설계에서 시공까지 공장 건설의 전 과정을 자체적으로 수행하였다.

1975년 기아자동차와 현대자동차에서는 공작기계를 생산하기 시작하였다. 이는 자동차 회사 공정에 맞는 공작기계를 직접 생산하여 공정을 개선하기 위한 것이었다. 자동차 회사가 공작기계를 생산하는 것은 일본 도요타자동차와 혼다자동차에서도 발견된다. 도요타와 혼다는 공작기계 생산기술을 기반으로 로봇사업에서도 좋은 성과를 보이고 있다(한국공학한림원 2020b: 73~74).

철강

해방 이전 한국에서 철강을 생산하는 시설은 대부분 북한에 있었다. 철강과 관련된 고급 기술자와 기능공은 거의 모두 일본인이었다. 해방 당시 철강은 대부분 북한지역에서 생산되어 북한지역 공장이 총생산량의 90%를 차지하였고, 남한지역의 공장은 10% 정도만을 생산하였다. 그리고 한국전쟁을 거치면서 남한지역의 철강 설비는 대부분 손상되거나 노후화되었다. 한국전쟁 이후 남한지역에 철강산업이라고 부를 만한 것은 소규모 업자들이 고철을 모아서 재생시키고, 주물 제품을 만드는 정도였다. 1950년대 한국 정부는 삼화제철소와 인천제철을 재건하고, 철강산업을 육성하고자 하였지만, 철강 수요는 계속 증가하였고 늘어난 수요를 겨우 감당하는 정도였다.

포항 구 삼화제철소 고로
자료: 문화재청, 국가유산포털.

한국의 철강사업은 포항제철이 건설되기 전과 후로 나뉜다. 1970년 포항제철(현 POSCO)이 공장이 건설되기 전의 제선• 설비로는 인천제철이 보유한 연산 12만 5,000톤의 예비환원로•와 전기로•, 삼화제철이 보유한 소형 용광로• 8기, 동국제강이 보유한 내용적 75m^{3}의 고로• 1기가 있었다.

제강이란 쇳물에서 불순물을 없애고 코크스의 사용으로 늘어난 탄소의 양을 줄이는 과정이다. 포항제철 이전 제강 설비로는 구식의 평로•와 소형 전로• 및 전기로가 가동되고 있었고, 차츰 전기로의 비중이 높아져 가는 상황이었다.

포항제철 이전 압연• 설비는 수동 철근제조 압연기와 풀오버 식의 판재압연기가 있었다. 압연 설비의 생산 능력은 연간 119만 6,000톤이었는데, 이는 국내 수요인 120만 톤과 큰 차이가 없었다. 그러나 중소형 압연기가 대부분이어서, 중대형 형강이나 판재류는 만들 수 없었다. 그러한 제품은 대부분 수입되었으며, 설비 가동률은 50%를 달성하지 못하였다.

제선·제강·압연 과정을 일관적으로 진행하는 제철소는 없었고, 공정 간 불균형이 심하여 압연을

제선: 고로에 철광석과 코크스, 석회석 등을 넣고 녹여 선철을 만드는 공정이다.

환원: 환원이란 철광석(Fe_2O_3)에 붙어 있는 산소를 떼어 내는 과정을 말하고, 이 과정에 코크스가 사용된다.

전기로: 전기로 열을 발생시켜 쇠를 녹이는 가열로이다.

용광로: 환원로의 역할이다.

고로: 높이 우뚝 솟은 노(爐)를 말하며 제철소의 상징이다.

평로: 평평한 노(爐)를 말한다.

전로(轉爐): 용선(쇳물) 안으로 공기나 산소를 불어넣어 용선 안의 탄소가 이산화탄소나 일산화탄소 가스 상태로 배출되게끔 하는 설비이다.

압연: 금속 소성 가공 방법의 하나로 롤(roll)을 이용하여 두께를 줄이고 일정하게 만드는 과정이다.

100으로 하였을 때, 제강은 55, 제선은 20 정도였다. 전체적인 기술 수준이 높지 않았고, 고철을 주원료로 하여 강괴를 만드는 평로와 전기로 설비가 주로 만들어지고 증설되었다. 평로·전기로 기술은 주로 해외 기술을 사용하였으며, 자체적인 철강 관련 기술의 습득 수준도 매우 낮았다.

경제가 발전하고, 정부의 경제개발계획이 적극 추진되면서 다양한 철강제품에 대한 수요가 증가하였다. 한국 정부는 철강제품의 국산화를 위하여 1968년 포항제철을 만들고, 제철소 건설을 적극적으로 진행하였다. 철강산업은 자본 집약적 산업이며 대규모 장치를 다루는 산업이라는 특징을 가지고 있다. 그리고 철강 관련 기술은 설비와 연계되어 있다. 한국 정부의 제철소 건설은 공장을 만들기 위한 자본부터 시작해서, 철강 관련 설비와 관련 기술까지 전부 해외에 의존해야 하는 상황이었다(한국공학한림원 2020c: 49~50).

일본이 국교 정상화의 과정에서 제공한 무상원조 3억 달러와 공공차관 2억 달러, 그리고 상업차관 3억 달러 자금 중 상당 부분이 제철소를 건설하는데 전용되었다. 한국 정부는 외국에서 제철소 건설을 위한 자금을 빌려오는 것을 추진하였지만, 여러 번 실패하였다. 제철소나 고속도로와 같은 사업은 독재정권에서 많이 추진하였다가 실패한 사업이라는 국제기구의 평가 때문에 차관 도입에 실패하였던 것이다. 하지만 한국 정부는 제철소 건설을 위한 자금확보를 위해, 일본에서 제공한 차관을 공업차관으로 변경하는 협약을 일본과 다시 맺었다. 이어, 제철소 건설에 큰 규모의 자금을 투입하여 제철소를 설립하였다.

일본 정부에서도 차관의 용도 변경을 통한 한국의 제철소 건설에 협력하였다. 일본 정부가 차관의 용도 변경을 승인한 이유에는 여러 가지가 제시되고 있지만, 기본적으로 일본 입장에서는 제철소 건설이 한국에 일본의 제철소를 수출하는 사업이기 때문이었다. 일본이 제공하는 차관은 현금으로 지급되는 것이 아니라 일본의 생산물 및 일본 기술자의 서비스를 지급하는 방법이었고, 이를 통해 일본 기업과 일본 기술자의 고용이 이루어져야 하였다. 일본의 입장에서도 철강공업 설비를 판매할 크고 안정적이며 중장기적인 시장을 확보하는 것은 중요한 측면이 있었다. 그리고 일본에서는 당시 철강산업에서 발생하는 공해 문제가 큰 사회적 이슈로 대두되고 있는 상황이었다. 당시 일본은 고로를 대형화하였고, 최초로 LD 전로•를 도입하고 개량하여 생산성을 높였다. 또한 해안지역에 제철소를 건설해 석탄과 철광석을 수입함으로써 물류 비용을 낮추어 미국과 유럽의 제철소들보다 높은 경쟁력을 가지고 있었다.

LD 전로: 오스트리아의 린츠(Linz)와 다나비츠(Danawitz)의 두 공장에서 공업화된 전로, 두 공장의 첫 글자를 따서 LD로 명명되었다.

신일본제철(현 NSSMC와 NKK(지금의 JFE)) 등의 일본 회사들은 Japan Group을 구성하였고, 제철소 건설과 조업에 필요한 기술지도를 협약하였다. 레이아웃, 공사일정, 건설 사양 등에 대하여 자세한 검토가 이루어진 후, 1970년 4월 포항제철 1기 공장 건설이 시작되었다.

제철소 건설에 관한 지식과 경험이 매우 부족하였던 한국은 제철소를 기획하고 건설하는 것부터 시작해서, 설비를 구매하고, 조업하는 방법과 기술진을 연수시키는 방법 등을 포괄하는 용역계약을 맺어 철강 관련 기술을 습득하고자 하였다. 포항제철소 1기 설비는 전부 차관을 도입하여 일본에서 공급되었다. 차관을 도입하여 설비를 구매하는 데 있어, 설비를 직접 보기 힘들다는 점, 구입해야 하는

포항종합제철소 1기 설비 준공식
자료: 한국정책방송원.

설비가 매우 많다는 점, 설비의 가격이 천차만별이라는 점 등 여러 가지로 큰 어려움이 있었다. 다행히 설비 구매에서는 기술자문사에서 필요한 설비를 분류하고 가격, 성능 등의 조건이 맞는 설비제작사들을 복수로 추천해 주어서 생각보다 쉽게 넘어갈 수 있었다. 소결 ·분괴·열연 설비는 미쓰비시그룹에서 공급하고, 제선설비는 이시카와중공업에서, 제강설비는 가와사키(川崎)중공업에서 공급하였다. 설

소결: 철광석, 코크스 분말 등을 일정한 크기로 뭉쳐 쇳물(용선)의 주원료인 소결광을 만드는 공정이다.

열연: 고온에서 1차로 압연하는 과정을 말한다.

비 구매와 관련해서는 일본 기업들이 치열한 수주전을 펼쳐 유리한 입장에서 협상에 임할 수 있었다(한국공학한림원 2020c: 50~51).

하지만 보다 진통을 겪은 것은 성능보장 문제였다. 중화학공업에서는 설비의 성능에 대한 보장 문제가 항상 중요하다. 설비의 성능보장 문제는 기능 문제는 물론이고 안전 문제와도 직결되기 때문이다. 포항제철에서는 공장설비 구매 과정에서 성능보장 조항을 삽입하자고 주장하였고 진통 끝에 포항제철의 주장이 관철되었다. 생산 제품은 열연코일•, 후판• 등 가장 단순하고 기본적인 품목이었다. 포항제철소의 건설과 조업을 돕기 위하여 일본 기술자는 300명까지도 한국을 방문하여 현장에서 기술지도를 하였다. 포항제철의 기술자 또한 일본의 여러 제철소에서 장기 연수를 받으며 기술을 습득하였다(포스코 2018: 85).

열연코일: 크고 무거운 철강제품을 코일의 형태로 말아 놓으면 운반과 보관이 쉽고, 외부에 노출되는 표면적도 최소화할 수 있다.

후판: 일반적으로 두께 6mm 이상의 두꺼운 강판으로 조선소에서 배를 만들 때 주로 사용하는 강판이다.

한국에서 유례가 없었던 큰 규모에 고도의 기술이 동원되고 첨단 설비가 설치되는 사업에서 외국에서 들여오는 설비의 성능점검과 공사일정 관리, 공사품질 관리 등은 제철소 건설의 성공 여부를 결정짓는 중요한 요인이었다. 포항제철은 협상 끝에 외국 설비공급사로부터 설비를 들여오는 차관공사 관리는 설비공급자가 설비감리, 즉 기술감독 지도 개념의 감독 업무를 수행하고, 설비별로 세부 업무 분담 명세서를 작성하여 책임 한계를 분명하게 하였다. 또한 39개월에 달하는 공정을 빈틈없이 관리하는 데에도 만전을 기하였다. 이러한 공정관리는 향후 원료 도입과 생산 과정에서 큰 도움이 되었다.

포항제철이 완공되면서 철광석 등의 원료 공급이 필요하였다. 철광석과 석탄을 호주에서 도입하는 과정에서 호주의 원료 공급 업체들은 부정적인 반응을 보였다. 개발도상국에서의 제철소 사업은 성공 가능성이 희박할 뿐만 아니라 성공하더라도 공사 기간이 6개월에서 1년 정도 지연되는 것이 일반적인데, 포항제철의 주장만을 믿고 원료를 생산하였다가 적기에 공급하지 못하게 되면 막대한 손실을 볼 수 있다는 이유였다. 포항제철은 포항제철에서 요구하는 대로 실행하였다가 손해를 본다면 그 손해를 대한민국 정부에서 책임을 지겠다는 대안까지 제시하며 협상을 하였다. 결과적으로 포항제철은 공사 기간의 지연이 없었고, 원료의 도입도 일정대로 이루어질 수 있었다(포스코 2018: 94).

최초의 포항제철 제품은 유류저장탱크 제작용으로 사용되었다. 그리고 조선용 철판과 고압보일러, 교량 및 댐 건설용 강판을 생산하여, 수입대체 효과를 가져오게 되었다. 그리고 포항제철은 조업 4개월 만에 정상조업도를 달성하고, 1년차에 흑자를 달성하는 기업이 되었다. 여러 논란이 있었지만 포항제철 1기에서 도입한 대형 고로와 LD 전로는 당시 기준으로는 최신 설비였고, 경쟁 설비인 전기로나 평로에 비해 매우 높은 생산성과 효율성을 보여 주었다.

경제발전으로 인해 한국의 철강재 수요는 매우 높았고, 포항제철은 바로 2기 공사를 추진하였다. 2기 설비 역시 1기처럼 일본과 협력하여 도입할 예정이었으나, 한국과 일본의 관계가 악화되면서 차관과 기술을 유럽에서 도입하게 되었다. 일본에서 유럽으로 수입원이 변경된 것은 결과적으로 설비 수입원을 확장하는 계기가 되었다. 연속주조 설비는 Voest Alpine, 코크스• 설비는 Otto와 Delattre, 냉연• 설비는 Voest Alpine, Siemens, Wean United 등에서 공급하였다. 제선·분괴·압연 설비는 기존의 설비 수입원을 유지하였다.

코크스: 화석 연료를 정제하여 특별히 고탄소화시킨 것을 지칭한다. 나무로 숯 또는 목탄을 만들듯, 석탄으로 코크스를 만든다.

냉연: 열연코일을 상온에서 더 얇게 압연하는 과정을 말한다.

냉연 설비가 추가되어, 고부가가치 철강 제품을 생산할 수 있는 기초를 갖추게 되었다. 연속주조 설비의 도입은 실수율을 낮추고 제품의 표면품질 향상으로 이어졌다. 1976년 5월, 156만 톤 규모의 포항제철 2기가 완성되자 제강 능력은 총 260만 톤으로 증가하였다. 동시에 철강 제품의 품질을 높이고 고급강 제조 능력을 향상시키기 위하여, 1기 공장에 기계교반식 용선(쇳물) 예비처리 설비를 구비하였다. 1978년에는 포항 2기 공장에 혼선차• 예비처리 설비를 설치하여 기계구조용강 등 고급강을 생산할 수 있게 되었다.

혼선차: 혼선차는 최초 용선 운반 목적으로 사용되다가 최근에는 강 품질의 고급화, 생산의 능률화를 목적으로 탈규, 탈황 및 탈인과 같은 용선 예비 처리에 활용되고 있다.

기술개발도 적극적으로 진행되었다. 기술 도입과 해외 연수를 통하여 조업기술을 확보하였고, 품질향상을 위하여 사내 표준화 활동을 활발히 진행하였다. 조업기술이 점차 안정화되어 연구개발을 통한 기술자립을 위해 기술연구소를 설립하고 기술개발 체계를 정립하였다. 조업기술로는 해외에서 고압조업, 고온송풍 등 새로운 기술을 도입하고 높은 수준으로 활용하여 선진국과 경쟁이 가능한 제품 품질을 달성하였다. 하지만 제품의 개발과 다양성 측면에서는 어려움이 많았다. 당시 국내 자동차 생산 과정은 일관체제를 구축해 가고 있었는데, 자동차 생산에 사용되는 냉연강판과 구조용 탄소 및 합금 강재는 대부분 수입에 의존하였다. 하지만 자동차 소재의 자급이 조금이나마 시작되어 자동차 외장용 마일드 강재• 중 일부는 국내 강재가 사용되었다.

마일드 강재: 스테인리스 강재는 크롬을 기반으로 한 강합금인 반면, 마일드 강재는 탄소를 기반으로 하는 강철 합금이다. 탄소 함량 때문에 가공하기가 훨씬 쉽고 가볍다.

포항제철은 1기와 2기 공장을 준공하면서, 제철소의 설계와 엔지니어링 기술을 어느 정도 습득하였다. 기획, 건설 관련 엔지니어링은 용역계약 형태로 진행되었는데, 엔지니어링 기술의 습득이 빨라지면서 용역 범위가 급격히 줄어들었다. 포항제철은 1기 공장 건설에서 예비 엔지니어링 작성에서 시작하여 전체 기획, 설비 구매, 건설, 조업까지 모든 과정을 Japan Group에서 도입하였다. 하지만 2기 공장 건설에서는 Japan Group의 검토를 받아 일반기술 공통내역서 작성, 제작자 견적내역서 검토, 구매 업무 추진과 건설계획서 작성은 직접 수행하였다. 3기에는 종합엔지니어링 용역과 제선 설비 등 5개 주설비의 구입내역서 검토 및 조언, 그리고 건설공사의 지도 등만 용역에 의존하였다.

반대로 조업기술의 외부 의존도는 생산하는 강

종과 제품이 다양해지면서 가장 높아졌다. 일본에 대한 의존도가 특히 높아서, 기술 도입 30건 중 22건을 일본에서 도입하였다. 조업기술은 Japan Group의 현장 지도를 받았으며, 일본 제철소에 파견 연수를 대규모로 보내는 방식도 사용하였다.

포항제철 3기와 4기의 설비는 일본, 미국, 오스트리아, 프랑스, 서독 5개 나라에서 공급되었다. 포항제철 1기와 2기 공사를 통한 경험 축적을 통해 설비와 기자재의 국산화가 진행되었다. 1기에서는 소재류인 일반 강재, 소형 구조물을 국내에서 조달하여 12.5%의 국산화율을 달성하였다. 2기, 3기를 지나서 국내 조달 설비는 철구조물, 일반 기중기, 수처리 설비, 대형 기중기 등으로 확대되었다. 국산화 비율은 2기 15.5%, 3기 22.6%였다. 4기에는 플랜트 설비로 확대되어 수배전 설비, 원료처리 설비, 소각로 설비 등이 국내에서 조달되었다. 국산화 비율은 4기 1차 35.1%, 2차 41.5%로 높아졌다.

3기와 4기 설비는 신예화, 대형화에 집중되었다. 생산 설비에 전산 시스템 도입이 확대되었고 4기에는 온라인 시스템을 구축하였다. 1978년 3고로의 공정제어를 위한 계산기 조업이 진행되어 자료 수집,

조업 추이 정보, 물질 정산, 각종 조업지수 계산 등 정보 활용 효율성이 높아졌다. 생산 능력도 확대되어 1기와 2기의 합계 생산 능력은 253만 톤이었는데, 3기는 290만 톤, 4기는 300만 톤으로 증가하였다. 생산 제품도 다양해지고 고급화되어, 합금강, 고장력강 등 특수강재, 조선용 후판, 선재, 그리고 전기강판, 레일재 등도 생산하게 되었다(한국공학한림원 2020c: 49~57).

포항제철 1기 공장 건설에 필요한 주기기의 제작과 공급은 일본, 미국, 영국 등의 7개 철강 업체가 참여하였고, 현대건설을 포함한 13개 국내 업체가 시공을 담당하였다. 1기 건설은 1970년 4월 1일 착공하여 1973년 6월 8일 완공되었는데, 여기에서 현대건설이 담당한 공사는 제선공장, 산소공장, 원료처리 설비였다. 이 중 제선공장은 제철소의 가장 중요한 설비인 고로(高爐)와 부속 설비를 포함하는 공사였다. 고로 건설에는 7,320만 톤의 기계와 13만 8,913m에 달하는 전기케이블이 투입되었다.

현대건설은 1972년 10월 10일과 1973년 1월 31일 산소공장과 원료처리 설비를 각각 완공하였다. 1973년 6월 8일에는 고로 설치가 완료되었고 화입식(火入

式)이 진행되었다. 이는 당초 계획하였던 공기를 54일 줄인 것으로 포항제철이 빠르게 안정화되는 데 기여하였다. 연산 103만 톤 규모에 달하는 포항제철 1기 준공과 더불어 한국의 철강 생산 능력은 크게 증가하였다. 하지만 급격한 경제성장으로 철강 수요는 더욱 가파르게 증가하였다. 포항제철 2기는 1기 준공 5개월 이후인 1973년 12월, 150만 톤의 규모로 건설이 시작되었다. 현대건설은 2기 건설에서도 고로공장과 원료처리공장 등의 핵심 설비공사를 담당하였다.

2기 건설이 완료되고 포항제철의 생산 능력은 증가하였지만 국내 수요는 오히려 더 빠르게 증가하였다. 공급이 수요를 따라잡지 못하는 현상은 포항제철 4기 건설이 완료될 때까지 반복되었다. 1976년 8월에 착공한 포항제철 3기는 290만 톤의 생산 능력을 추가하여, 약 550만 톤을 생산하는 것을 계획하였다. 3기에는 2기의 2.5배가 넘는 설비와 물량이 24개 공장에 공급되었다. 현대건설은 이 중 고로공장, 원료처리공장, 석탄소성공장과 항만하역설비 등 5개, 포항제철 3기 건설의 42%를 담당하였다.

1978년 12월 포항제철 3기 설비가 준공되었지만

철강의 수요는 여전히 공급보다 높았으므로, 포항제철은 즉시 850만 톤 생산을 위한 4기 공사를 시작하였다. 현대건설은 고로공장 건설, 제2제강의 확장, 제1고로 보수 공사에 참여하였다. 그리고 고로공장 건설에서 103일의 공기를 단축하였고, 전체적으로는 137일의 공기를 단축하였다. 11년의 기간에 4차례에 걸쳐 이루어진 포항제철의 건설에서 현대건설은 투입 물량을 기준으로 25%의 분량을 담당하였다. 현대건설은 포항제철 건설로 제철소와 관련된 기술과 경험을 축적하였다. 제철소의 심장이라고 여겨지는 고로를 비롯한 핵심 설비 시공 경험은 해외 제철소 시장에 진출하는 기초가 되었다(현대건설 2022b: 160~163).

5

조선

정부의 역할과 기업의 역할

조선소 건설의 기반

차관과 선박 주문, 그리고 정부의 금융보증

리스크 관리와 정부의 역할 제한

기술 습득

정부의 역할과 기업의 역할

이 장에서는 한국의 산업 육성 및 기술 습득과 관련하여 기업의 역할과 노력, 그리고 기여에 대하여 조선산업의 사례 분석을 통해 살펴보고자 한다. 한국의 중화학공업 육성은 쉬운 일이 아니었다. 중화학공업의 육성과 관련하여 주로 연구가 된 부분은 정부의 중화학공업육성정책과 관련된 부분이다. 하지만 정부의 육성정책 부분에 비하여 기업의 역할과 노력, 기여에 대해서는 상대적으로 연구가 부족하다고 판단되는 측면이 있다. 정부 정책에 연구가 집중되는 것에는 다양한 이유가 있을 수 있으나, 정부의 자료가 기업의 자료보다 접근하기 쉬우며 공신력을 확보하고 있다는 점도 하나의 이유가 될 것이라 생각된다. 기업의 자료는 접근이 어려우며, 정부와 기업의 자료가 다를 경우, 일반적으로는 이윤을 추구하는 기업보다는 공공의 이익을 목표로 하는 정부의 자료를 신뢰하는 것이 일반적이기 때문이다.

이는 현대중공업의 울산조선소를 지은 정주영 창업자의 인터뷰에서도 나타나고 있다. 정주영 창업자가 조선소를 지으려는 목적으로 차관을 빌리기 위해 만든 사업계획서에는 부지 17만 5,000평, 건물 3만 7,611평, 건조 목표 최대선박 50만 톤에 연간 25만 9,000톤급 5척으로 되어 있었다. 그리고 길이 500m, 폭 80m, 깊이 12m의 드라이 도크를 1차로 건설하고, 450톤급 골리앗 크레인 2기를 확보하는 것이 기본계획이었다. 하지만 한국 정부가 각국의 대사관에 차관 유치를 위해 제공한 계획서에는 한국이 당시까지 최대 규모로 건조한 선박은 1만 7,000톤급이고, 3차 경제개발 5개년계획의 목표는 15만 톤 규모이었다. 따라서 25만 톤급 이상의 대형 유조선을 만들 경우 한국에는 기술인력이 없을뿐더러, 건조 경험을 가진 중간관리자도 없는 실정이므로 사업계획서 내용은 타당성이 없다고 되어 있었다고 한다. 정주영 명예회장도 이를 해명하기 어려웠다고 한다. 정부와 기업 중 하나는 거짓말을 하고 있는데, 기업이 해명을 하더라도 정부가 거짓말을 하지는 않는다고 생각하기 때문이라는 것이다(이호 2007: 4).

하지만 현대중공업의 울산조선소 건설과 관련하여 기업의 역할과 노력, 그리고 기여는 명확하다.

정부의 금융보증과 같은 중화학공업 육성을 위한 정책 지원은 분명 울산조선소를 건설하는 것에 큰 부분을 담당하였지만, 기업의 시선에서 보면 정책 지원에서 해결해 주지 못하는 많은 부분은 기업이 스스로 해결해 나가야 하는 것이다. 예를 들면, 조선소의 설계기술과 같은 부분이다. 정주영 창업자의 인터뷰에 근거해 기술된 『현대중공업 50년사』를 보면, 조선소의 설계에 대한 일화가 나온다. 해외에 내보내 6개월 정도 교육을 받은 사람들을 중심으로 조선소 건설이 가능하였느냐는 질문에 정주영 창업자는 다음과 같이 답한다.

> 전갑원(전 현대건설 부사장)이, 그 친구를 데리고 내가 가와사키 조선소하고 미쓰비시 가야키 조선소를 갔어요. 구경만 하기로 하고 간 거야. 사진 한 장 못 찍게 하니까. 정말 구경만 하고 나왔어. 전갑원이 숙소에 돌아오더니 금방 도크 규모를 그려내고 바닥 콘크리트 밑으로 수압을 밀어 올리는 유공관식이 어쩌고 하면서 드라이 도크 스케치를 해내는 거야. 그래서 "도크 규모를 어떻게 알고 그린 거야?" 하였더니 도크 주위를 구경하는 척하면서 한 바퀴 돌면서 발걸음으로 쟀다는 거야. 그런데도 아주 정확해. 나중에 미쓰비시 애들이 와서 보고는 뒤로 나자빠지더라고. 전갑원만 그런 게 아니고 김형벽(전 현대중공

업 회장)이니, 이정상(전 현대중공업 전무)이니, 백충기(전 미포조선 사장)도 그랬어. 그중에 김형벽은 아주 뛰어났어. 스코트리스고우에 갖다 풀어놓으니까 이들이 걸어 다니는 사진기고 걸어 다니는 컴퓨터야, 그러고 단숨에 배우더라고(이호 2007: 10).

이 일화는 조선소의 성공적 건설이 결코 정부의 중화학공업육성정책만으로는 이루어질 수 없음을 잘 보여 주고 있다. 정부의 금융보증은 조선소 건설의 핵심 축이었지만, 조선소의 설계를 눈으로 기억하고, 발걸음으로 재서 재구성하는 기업의 노력은 정부가 계획하거나 지원하기 어려운 기술적 분야인 것이다. 하지만 눈으로 기억한 설계를 통계적으로 증명하기 어렵다고 하여, 기업의 역할을 분석하지 않거나, 정부의 역할만을 중점적으로 분석하는 것은 타당하다고 판단되지 않는다.

실제로 설계를 눈으로 기억하여 재구성하고 발전시킨 사례는 산업의 발달에서 자주 보고되고 있다. 가장 유명한 사례 중 하나는 산업혁명 이후 영국의 면방직 공업이 미국으로 전해진 것이다. 당시의 면방직 공업은 최첨단 산업으로, 영국 정부에서는 기술의 비밀을 유지하기 위해 설계도와 같은 것이

유출되지 않도록 철저하게 검열하였다. 하지만 이러한 검열은 기술자가 설계와 부품의 기능을 기억하여 재구성하는 것까지 막지는 못하였다(Rosenberg 2011). 영국의 증기기관을 그대로 독일로 가져갈 수 없어서, 부품으로 분해해서 가져가고 다시 조립하였다는 일화 또한 신뢰성의 문제를 통계적으로 증명할 수는 없지만, 전해지고 있다.

더 나아가 설계도의 문제를 넘어서, 시공을 위한 기술을 숙달하고, 선행 또는 유사기술 기반을 구축해 놓는 것도 기업의 역할과 기여라고 할 수 있다. 하지만 시행착오를 통한 기술의 숙달과, 선행 또는 유사기술 기반의 구축 또한 통계적으로 검증하기 어려운 측면이 있다. 하지만 본 장에서는 통계적 검증의 어려움이 있다는 것을 감안하더라도, 정부의 중화학공업육성정책만으로는 설명하기 어려운 현대중공업의 조선소 건설과 조선기술 습득 분야에 대하여 서술하고자 한다.

조선소 건설의 기반

울산의 조선소 건설과 관련하여 가장 널리 알려

진 이야기는 정주영 창업자의 500원 지폐와 거북선 이야기이다. 조선소 건설을 위해 차관을 얻어야 하였던 정주영 창업자가 차관과 관련된 도움을 얻기 위해 애플도어(A&P Appledore)사 롱바텀(Longbattom) 회장에게 500원 지폐에 그려져 있는 세계 최초의 철갑선인 거북선을 보여 주며 설득하였다는 이야기이다. 이 일화는 기업가 정신을 보여 주는 일화로 널리 소개된다.

하지만 500원짜리 지폐의 거북선 이야기는 현대중공업 조선소 건설의 가장 극적인 장면이었을 수는 있으나, 조선소의 성공적 건설을 위한 하나의 단계로 보이는 측면도 있다. 조선소 건설에는 많은 어려움이 있었으며, 현대건설은 다양한 경험을 통해 조선소의 성공적 건설에 필요한 기반을 알게 모르게 구축해 놓았다. 또한 중화학공업 분야에서 선진국과 경쟁이 가능한 인력관리 분야의 장점도 가지고 있었다. 그리고 이러한 기반은 정부의 중화학공업육성정책만으로는 설명하기 어려운 기업의 역할에 해당된다.

『현대중공업 50년사』에는 다음과 같은 내용이 기술되어 있다.

정주영 창업자는 1960년대 중반 어느 해인가 해외 출장 중에 들른 일본에서 이춘림 회장과 이틀에 걸쳐 요코하마, 가와사키, 고베조선소를 시찰하였다. 여러 개의 블록을 만들어 배를 조립하는 것을 보았다. 이춘림 회장은 1966년의 일로 기억하였다. 블록 정도야 현대의 기술로 충분히 만들 수 있겠다고 생각하였다. 블록을 만들어 수출하면 좋은 돈벌이가 될 듯싶었다(현대중공업 2022: 13~14).

조선업에 관련된 사람들은 배를 철판을 용접해서 붙이는 일이라고 설명한다. 철판을 설계도대로 자르고 휘어서 용접해서 블록을 만들고, 여러 개의 블록을 레고처럼 조립해서 배를 만든다는 것이다. 크레인은 무거운 블록을 옮기기 위해 필요하다고 한다. 그런데 철판을 용접해서 붙이는 일은 현대건설이 잘 할 수 있는 분야였다.

조선업 경험은 없었지만 그동안 쌓은 건설업 경험으로 철판 설계나 용접은 자신 있었고, 내연기관 장착도 별거 아니었다. 이를테면 배를 큰 탱크로 생각하면 정유공장 세울 때처럼 도면대로 철판을 잘라서 용접을 하면 되는 것이고, 내부의 기계장치는 건물에 냉·난방 장치를 설계대로 앉히듯이 선박도 기계 도면대로 제자리에 설치하면 되는 거 아닌가?(현대중공업 2022: 18).

철판을 용접하는 것에 자신이 있었다는 내용은 다른 인터뷰에서도 나타난다. 김형벽 전 현대중공업 회장은 알래스카에 설치한 허리케인 브리지를 설계하고 제작과 설치 감독까지 하였는데 다음과 같은 말을 하였다.

> 토목은 현대건설이 맡아서 하였지만, 다리 자체는 철판을 가지고 재단을 해 용접을 하는 건데, 아주 정밀합니다. 그건 포인트와 포인트 사이가 504피트나 떨어진 곳에 아치형으로 다리를 건설하고 칼럼을 세워 그 위에 가더(girder)•를 놓는 아주 복잡한 구조지만 외형은 굉장히 아름답습니다. 그걸 무사히 완성시켰더니 창업자님(정주영)이 인상 깊게 보셨던지 "너 조선소로 와" 하시는 겁니다(이호 2007: 13).

가더: 건설 구조물을 떠받치는 보를 뜻하는 말이다. 보통 I형이나 상자형 단면으로 만들어 자체 중량은 줄이고, 휨이나 비틀림, 수평하중 등에 대해 입체적으로 저항할 수 있도록 설계한다.

정주영 창업자 역시 용접과 관련해 다음과 같은 인터뷰를 하였다.

> 우리가 원자력발전소를 세울 때 배보다 몇 배 두꺼운 강판을 용접하고 모든 것을 새지 않도록 용접하였는데 배는 거기다가 대면 아무것도 아니다(이호 2007: 9).

다시 말해, 배를 만드는 핵심 생산기술인 철판을

자르고 용접하는 기술을 현대건설은 건설 현장, 정유공장, 브리지, 발전소에서 높은 수준으로 습득하고 있었고, 이 기술을 활용할 수 있었다.

유사기술 축적의 중요성은 영국의 조선 기술회사인 애플도어사의 조선소 레이아웃 설계제안에서도 나타난다. 애플도어사의 제안은 다음과 같았다.

> 기계, 건축, 토목 분야에 유능한 한국 엔지니어 몇 사람만 보내주십시오. 그러면 그 사람들과 함께 작업해서 6개월 안에 레이아웃을 완성시켜 주겠습니다(현대중공업 2022: 23).

기계, 건축, 토목은 현대건설이 강점을 가지고 있는 분야였다. 그리고 조선 분야의 전문 엔지니어가 한국에 없다면, 기계·건축·토목 분야의 유능한 엔지니어가 이를 어느 정도 대체할 수 있다는 것을 보여 주고 있다. 현대건설은 관련 분야의 유능한 엔지니어를 충분히 보유하고 있었다. 현대건설 역시 조선소 건설을 위한 조선사업부를 만들 당시 회사 내에서 조선 관련 경험이 조금이라도 있는 사람들을 전부 조선팀으로 발령냈다고 한다. 백충기 전 현대건설 사장은 다음과 같이 말하였다.

> 창업자님의 명령이 떨어지자, 회사 내의 해양대 출신이나 조선학과 출신들을 전부 조선팀으로 발령냈습니다. 저를 비롯해 황병주, 김형벽, 이정일, 이정상 등이죠. 조선사업부가 건설회사인지 중공업회사인지 구분이 안 됐어요. 그러니까 뿌리는 전부 건설장이들이지요. 그리고 창업자님을 모시고 뉴욕하고 텔아비브에 가서 거대한 조선소를 봤는데 조선소 주변이 하나의 거대한 도시이고, 그 주변에 사는 기능인력들이 이미 엔지니어급 수준이라서 대접부터가 다르다는 것을 알았습니다. 그러니 저 정도는 돼야 수주도 하고 경쟁력이 있을 텐데, 우리가 인적 자원도 없는데 저런 조선소를 만들 수 있겠나 싶어 눈앞이 깜깜해지더군요(현대중공업 2022: 18).

이는 두 가지 사실을 보여 준다. 하나는 현대건설 역시 조선 관련 인력의 필요성을 중요하게 인식하고 있다는 것이다. 다만 조선 관련 전문인력이 없으니, 조금이라도 조선 관련 지식이 있을 것이라 판단되는 직원들로 대체하려고 한다는 것이다. 다른 하나는 정부의 보고서와 비슷한 시각이다. 조선 관련 전문 기능인력이 없는 상황에서 대형 조선소들과 경쟁을 할 수 있는가 하는 점에 대해 크게 우려하고 있다는 점이다.

이러한 상황에서 가장 상식적인 전략은 작은 규

모부터 시작해, 규모를 늘리고 관련 인력을 양성하여 확보하고, 대형 조선소와 경쟁할 수 있는 경쟁력을 갖춘 후 대형 조선소를 짓는 것이다. 일견 타당하며 위험성도 적어 보인다. 위험을 기피하는 것이 일반적인 정부의 시각에서 조선업을 육성할 수 있는 최선의 방법으로 생각된다. 하지만 시선을 달리해 보자. 정부의 계획대로 위험성을 최소화한 상태에서 외국의 경쟁력 있는 기업을 제치고 수출할 수 있는 기업을 만들 수 있는가 하는 점이다.

한국의 조선산업은 1929년의 방어진철공소로부터 시작한다. 그 후 1937년 대한조선공사의 전신인 조선중공업주식회사가 1만 톤급 건조 능력을 갖추고 태동하였다. 그러나 조선중공업은 20년 가까이 지나도록 큰 발전을 하지 못한 채 자유당 정부를 거쳐 5.16 군사정부까지 이어졌다. 1962년부터 시작된 제1차 경제개발 5개년계획에도 경공업 우선 정책에 밀려 조선공업은 주요 육성 산업 부분에서 제외되었다. 그러다가 1967년 국내 조선을 진흥시킨다는 목표를 내걸면서 조선공업진흥법이 제정되었다. 하지만 그나마도 1960년대 말까지 소형 강선만 제작할 수 있었을 뿐 자금과 기술력 부족으로 대형 선박건조는 엄두도 내지 못한 채 1960년대가 지나갔다. 1970년대가 시작되면서 비로소 정부는 제3차 5개년 계획에서 중화학공업을 육성하지 않으면 경제부흥이 어렵다는 결론을 내리고 조선공업을 주요 육성 산업으로 지정하면서 조선공업진흥기본계획이라는 긴 정책안을 마련한다. 하지만 부산의 대한조선공사는 대략 1만여 톤급 배를 만들고 있었으며, 창업 이래 계속 적자를 보았다. 그러다 파산하고, 파산 후에는 한진으로 넘어가게 되었다(이호 2007: 2).

그렇다면 현실적으로 조선공업진흥계획에 따라 관련 인력을 양성하고, 조선소 규모를 점차 대형화하면서 조선공업을 육성할 수 있었을까라는 질문을 해볼 수 있다. 이러한 질문은 조선공업 육성에 정부와 기업의 역할 중 무엇이 더 중요한가를 판단할 수 있는 기초를 제공할 수 있다. 하지만 실제 역사와는 다른 반사실적인(counter factual) 가정하에서 이루어지는 질문이기에 대답에 대한 정당성을 객관적으로 담보하기 어렵다.

그러나 현대중공업 울산조선소의 건설 과정을 보면 정부의 계획안대로 조선 관련 인력을 양성하고, 조선소의 크기를 점차 키워 나가서 해외 조선소와 경쟁을 할 수 있을 정도의 조선공업을 육성하는 것은 어려웠을 것이라 판단되는 부분이 보인다.

한국의 중공업 발전에 있어 중요한 부분 중의 하나는 선진국과의 경쟁에서 어떻게 경쟁력을 확보할 수 있는가 하는 부분이다. 이는 울산조선소의 건설을 위한 차관을 획득하는 과정에서도 나타나고 있다. 현대중공업의 사업계획서를 확인한 영국 수출신용보증국(Export Credit Guarantee Department) 국장의 질문은 다음과 같았다.

> 그런데 한 가지 의문이 있습니다. 만약 내가 선주라면 세계 유수의 조선소에다 배를 주문하지 배를 한 번도 만들어 본 적이 없는 현대에 주문하지 않겠습니다. 주문이 들어오지 않은 상태에서 배를 만든다면 그 배를 누구에게 팔겠습니까? 만약 배가 안 팔리면 영국의 은행에서 빌려 간 돈을 어떻게 갚겠습니까? 그러니 앞으로 현대에서 만들 배를 살 사람이 있다는 것을 내게 증명해 보세요. 그 전에는 차관 제공이 불가능합니다(현대중공업 2022: 28).

정부의 계획안은 점진적인 발전을 추구한다는 점에서 보다 합리적으로 보이지만, 결국 영국 수출신용보증국 국장의 질문에 대한 대답을 제공하지 못한다는 측면에서는 동일하다. 건설되지도 않은 조선소이지만, 차관을 통해 건설을 하려면 선주에게 선박을 먼저 주문받아야 하는 상황을 마주하게 되었다. 하지만 선주에게 선박을 주문받으려면 선진국과 비교하여 경쟁력을 가지고 있어야 하는데, 그 경쟁력이 어디에서 발생할 수 있는가에 대한 명확한 해답은 없다. 작은 배부터 점진적으로 만들어 나가는 것은 일견 정답으로 보이겠지만, 규모의 경제가 중요한 분야에서는 오히려 경쟁력 확보가 어려워질 수도 있는 점은 간과되기 쉬운 측면이 있다.

정주영 창업자가 첫 선박을 주문받는 과정을 보면, 기업의 입장에서 경쟁력을 확보할 수 있는 부분을 찾아내는 것에 대한 단서가 보인다. 울산조선소에 처음으로 선박을 주문한 그리스의 조지 리바노스(George Livanos)가 요청하였던 것은 선박의 가격을 16%, 척당 500만 달러를 깎자는 것과 배를 2년 6개월 만에 건조해야 한다는 것이었다. 그리고 만약 이행하지 못하면 원리금 전액을 변상해야 한다는 것이었다(현대중공업 2022: 29~30).

현대중공업(2022: 30)에 따르면, "조선소의 건설 공기를 단축하고 선박건조를 앞당기면 16% 정도는 만회할 수 있다고 판단하였다"고 한다. 조선소의 건설공기를 단축하고 선박건조를 앞당기는 것은 실현되었으며, 이는 모든 공사의 완료시점을 1973년 12월로 정해 놓고 시간을 역산해 돌파해 나가는 공기역산돌관공사 방식으로 이루어졌다(현대중공업 2022: 38). 2,000명이 넘는 사람들이 함께 밤낮없이 거의 365일 돌관작업•을 하는 방식이었다(현대중공업 2022: 35). 하루에도 몇 사람씩 쓰러져 나갔다(현대중공업 2022: 38).

돌관작업: 장비와 인원을 집중적으로 투입하여 한달음에 해내는 공사.

이를 다시 해석하자면, 중화학공업 육성에 한국이 가지고 있는 경쟁력은 기업의 시선에서 보면 노동을 집중적으로 투입하는 인력관리를 통해 건설공기와 선박건조를 단축시키는 것뿐이었다. 이는 노동 집약적인 공업 분야에서 필요한 인력관리의 특성을 중화학공업으로 가져온 것이었으며, 건설이라는 종합조립업에서 인력관리에 능하였고, 용접기술에 상당한 경쟁력과 강점을 가지고 있는 현대건설이 높은 경쟁력을 가지고 있는 분야였다. 울산조선소 건립 과정은 노동 집약적 공업과 선진국 중화학공업의 격차를 노동 집약적 중화학공업을 가능하게 하는 인력관리를 통해 극복해 나가는 것으로 판단할 수도 있다.

현재의 시선에서 볼 때 노동자들이 하루 16시간 가까이 일하였던 당시의 노동 집중적 중화학공업은 받아들이기 어려운 측면이 있다. 하지만 당시에는 그런 방식 외에 선진국과의 경쟁에서 경쟁력을 확보할 수 있는 방법은 없었다고 판단된다. 그리고 노동 집약적 중화학공업을 실행하는 것은 기업이며, 그 성공 가능성에 대한 평가도 기업의 영역에 해당한다. 정부의 경우 노동의 비정상적인 집중을 계획하기 어려우며, 계획한다 하더라도 실행과 관련된 지침을 마련하기 어렵다. 건설업을 통해 축적된 종합조립업의 인력운영 경험과 용접기술의 경쟁력이 조선업으로 이어질 수 있다는 전략적 판단과 실행은 정부가 계획하거나 판단할 수 없는 분야에 가깝다.

공기 단축을 위한 울산조선소의 작업 방식에서도 정부가 계획하기 어려운 부분이 나타난다. 조선소를 짓는 일과 배를 건조하는 일을 동시에 진행한 것이다.

드라이 도크: 선박의 건조 시에 필요한 구축물로서 갑문(Dock Gate)을 이용하여 물

보통 다른 조선소 같으면 드라이 도크(DRY DOCK, 乾船渠)• 를 완성하고 난 다음 배를 건조하기 시작하는데, 우리는 도크 가운데 바닥 콘크리트가 굳으면

> 거기다 철판을 가져다 조립을 해나갔습니다. 그다음 드라이 도크 바닥을 이어 만들고 거기에 배를 이어 만들었습니다. 양쪽으로 드라이 도크가 커 나가면서 배도 커 나간 것이죠(현대중공업 2022: 34 울산조선소 창립멤버 황성혁 전 전무 인터뷰).

을 가두기도 하고 바다로 빼내기도 할 수 있는 작업장인데, 물을 빼면 드라이 도크 내에서 선박을 조립, 완성하여 배를 진수(물에 띄움)한다.

현대중공업의 초기 경쟁력은 노동을 선진국에서 상상하기 어려울 정도의 높은 투입을 통해 마련한 것이라고 판단된다. 하지만 투입되는 노동력의 양만을 높인 것은 아니었다. 설계를 기억해서 스케치해 내고 발걸음으로 치수를 재는 예외적인 고급 인력들의 투입이 같이 이루어진 결과였다. 설계도조차 제대로 해석하지 못하는 상황에서 조선소를 지어야 할 만큼 기술 기반이 취약하였는데, 설계를 기억하여 조선소를 짓는 방식을 정부가 계획하는 것은 상상하기 어렵다. 이는 온전히 기업의 영역이며, 기업이 리스크를 감당하고 추진해 낸 부분으로 보는 것이 타당하다.

차관과 선박 주문, 그리고 정부의 금융보증

울산조선소를 짓기 위해서는 차관이 필요하였

다. 결과적으로 차관은 도입되었지만, 도입된 차관은 차관을 제공한 영국 금융기관의 입장에서는 비교적 안전한 투자에 가까웠다. 울산조선소를 짓기 위한 차관은, 조선소에 기자재를 공급할 회사를 선정하는 단계를 거쳐, 선주의 선박 주문과 정부의 금융보증과 함께 제공되었다. 선주의 선박 주문으로 기본적인 위험성이 많이 감소한 상황에서 정부의 금융보증으로 추가적인 보험이 제공되는 차관계약이었던 것이다. 하지만 차관이 안전한 계약이 되도록 하는 조건들은 동시에 순환적으로 만족되어야 하는 것이었고, 그러한 조건들을 하나하나 채워 나간 것은 기업의 역할이었다. 정부의 금융보증은 큰 역할이었지만, 이는 가장 마지막 단계의 보험이라고 할 수 있었다.

울산조선소의 차관 확보 과정은 거북선이 그려진 지폐와 백사장 사진만으로 도입된 일화가 널리 알려져 있다. 이는 매우 극적으로 어려운 상황들을 기업가 정신을 통해 극복해 낸 것으로 해석된다. 하지만 극적으로 전환점을 만들어 내는 요소들에 가중치를 줄이고 분석한다면, 지속적으로 차관의 리스크를 없애 가는 과정으로 해석될 수 있다.

울산조선소를 위해 차관을 처음 얻으려는 곳은 미국과 일본이지만 거절되었다. 일본 통산성은 현대와의 조선업 제휴에 제동을 걸었다. 일본 통산성의 결론은 20만 톤급 이상의 대형 선박건조는 불가능하다는 것이었다(현대중공업 2022: 29). 이는 대한민국 정부의 초기 판단과 궤를 같이하는 것이라고 볼 수 있다.

정주영 창업자가 차관을 얻기 위해 다음으로 방문한 곳은 영국이었다. 데이비스라는 미국인 국제금융 주선인이 제시한 방법은 우선 조선소 건설에 필요한 기자재를 공급할 회사를 정하고, 그 회사가 거래하는 은행을 움직이게 하라는 것이었다. 데이비스가 소개해 준 회사는 영국의 애플도어라는 조선기술회사와 스코트리스고우(Scott Lithgow)라는 선박회사였다(현대중공업 2022: 29).

애플도어사의 제안은 기계·건축·토목 분야에서 유능한 한국 엔지니어 몇 사람을 보내 주면 6개월 안에 조선소 레이아웃을 완성시키겠다는 것이었다. 기술 문제는 영국 글래스고에 있는 스코트리스고우 조선소에서 27만 톤급 유조선을 만들고 있는데, 그곳에서 현대 직원들을 6개월간 2차례에 걸쳐 훈련시켜 주겠다는 것이었다. 실제로 이것은 현실화되어 1차로 전갑원, 이정상, 김형벽을 스코트리스고우 조선소로 보냈고, 2차로 백충기와 또 다른 기술자들을 보냈다(현대중공업 2022: 23).

기술 협조 계약을 마무리 짓고 차관 도입을 위해 애플도어사의 롱바텀 회장을 만나는 과정에서 유명한 거북선 이야기가 전개된다. 사업계획서에 있는 25만 톤급의 배를 본 적이라도 있는지에 대한 질문의 대답으로 세계 최초의 철갑선인 거북선을 한국이 만들었다는 대답으로 설득해 낸 것이다.

롱바텀 회장은 결국 "한국의 현대건설은 원자력 발전소를 시공하고 있을 만큼 기술력이 뛰어나고, 발전 계통이나 정유공장 건설에도 풍부한 경험이 있기 때문에 대형 조선소를 만들어 큰 배를 건조할 능력이 충분하다"는 내용의 추천서를 버클레이(Barclays) 은행에 보내주었다. 이 추천서는 사실 롱바텀 회장이 한국까지 와서 현대가 건설한 발전소, 정유공장, 경부고속도로 등의 공사 현장과 조선소 부지까지 보고 간 이후 작성된 것이었다. 그리고 정주영 창업자는 사업계획서와 스코트리스고우에서 제작한 선박 도면을 버클레이 은행에 제출하였다. 버클레이 은행 역시 철저한 검증과 면접시험 이후 차관을 제공할 것을 결정하였다(현대중공업 2022: 24~25).

하지만 마지막 단계가 남아 있었다. 현대의 사업 계획은 애플도어가 기술자들을 훈련시키고, 스코트 리스고우에서 도면을 받아 그대로 만들고, 현대가 인력을 관리하여 배를 만드는 것이었다. 그리고 배를 주문받고 만들어서 원금과 이자를 갚겠다는 것이었다. 하지만 주문이 들어오지 않은 상태에서 배를 만든다면 배가 팔리지 않을 수 있다는 문제가 있었다. 따라서 현대에서 만든 배를 만들 사람이 있다는 것을 증명해야 차관을 받을 수 있었다.

차관을 제공하는 입장에서는 원금과 이자를 확실하게 받을 수 있도록 리스크를 줄이기 위해 꼭 필요한 과정이라고 할 수 있다. 그러한 상황이 현실화된다면 이는 리스크가 작은 안전한 투자가 된다고 할 수 있다. 하지만 조선소를 짓기 위해 차관을 빌리는 상황에서 선박까지 주문을 받아오라는 것은 비현실적이라고 할 수 있다. 그 마지막 단계에서는 선진국의 조선소와 경쟁해야 하였다. 결과는 16%의 가격 인하를 받아들이고, 조선소가 없는 상황에서 2년 6개월 만에 선박 2척을 건조하고, 이행하지 못할 경우 원리금 전액을 변상해야 한다는 계약이었다.

비합리적인 상황을 실현 가능한 영역으로 끌고 올 수 있었던 것은, 공사 기간 단축을 가능하게 하는 노동 집약적 방식의 역산돌관공사라는 인력관리 방식과 현대건설이 가지고 있던 용접 분야의 기술경쟁력, 그리고 설계를 기억해서 재구성해 내는 예외적인 고급 인력의 결합이었다. 이는 건설의 시각에서 생각한다면 건설사업 관리기술이라고 할 수 있을 것이다.

리스크 측면에서 살펴본다면, 모든 리스크를 지고 있는 것은 이 시점에서 현대건설이라는 기업이었다. 기자재 회사는 차관이 도입되면 기자재를 판매할 수 있는 상황이어서 큰 리스크가 없었고, 기자재 회사와 연관이 있는 은행은 수출신용보증국이라는 최종 결정권자가 있는 상황에서 판단을 내리고 있었다. 수출신용보증국의 선박 주문을 받아오라는 요청은 가난한 개발도상국인 한국에게 차관을 제공하는 조건이라는 점에서는 합리적일 수 있었다. 이는 어쩌면 정중한 거절 방식이었을 수도 있으며, 만약 현실화될 경우 리스크가 낮은 차관을 제공할 수 있다는 점에서 큰 문제가 없었다.

현대건설은 비합리적이라고도 할 수 있는 선박 계약을 맺어, 차관을 제공하는 은행의 리스크를 줄이는 것에 성공하였다. 이제 리스크는 온전히 계약을 이행하지 못할 경우 원리금 전액을 변상해야 하는 현대건설에게 전이되었다. 그리고 정부의 금융보증은 현대건설에게 전이된 리스크에 정부가 보험을 들어주는 것이었다. 정부의 금융보증을 마지막으로 차관을 제공하는 곳에서 감당하는 리스크는 매우 작아졌다. 상당히 안전한 투자가 된 것이다.

리스크 관리와 정부의 역할 제한

리스크 관리의 측면에서 현대건설은 충분히 감당할 수 있는 분야의 리스크를 선택한 것이었다. 노동의 집약적 투입, 즉 인력관리를 통해 공사 기간을 줄이는 것은 현대건설이 가지고 있는 경쟁력이었고, 2년 6개월 만에 조선소의 건설과 선박의 건조를 실현 가능한 범위로 구현하게 해 주었다. 울산조선소의 건설 과정에서 일본 가지마건설의 겐조 회장과 부장급 두 사람이 와서 조선소 시공 자문을 해 주었는데, 일본의 경우 좋은 장비로 24시간 작업에

프랜지: 일반적으로 배관이 포함된 다양한 장치인 밸브, 파이프, 펌프 등의 연결부위에 사용되는 것으로 나누어진 두 부분을 이어주는 역할을 한다.

3,000m³의 물량을 처리하는데, 김영주 한국프랜지• 전 회장은 구식 장비로 같은 시간에 4,500m³의 물량을 처리해냈다고 한다(현대중공업 2022: 40). 현대건설이 일본 가지마건설보다 얼마나 많은 인력과 시간을 동원하였는지는 비교하기 어렵지만, 24시간이라는 단위 시간당, 어떻게든 더 많은 작업을 처리해 내는 인력관리를 실행한 것이다. 용접 분야에서의 기술 기반 또한 용접기술이 중요한 선박건조 분야에서 활용되었다. 용접기술자의 수를 늘리기 위하여 막노동꾼과 농사꾼에게까지 용접기술을 교육하는 일이 이루어졌다.

김형벽 현대중공업 전 회장은 정주영 창업자에게 스코트리스고우에 가서 한 달간 훈련받은 후 귀국 길에 가와사키에 가서 2주간 조선소 견학을 잘하고 들어오라는 말을 들었다고 한다. 견학을 잘하라는 건 세밀히 살피라는 뜻이라는 것을 김형벽 전 회장은 알아들었다고 한다. 그러한 부분은 현대건설이 감당할 수 있었던 리스크였다(이호 2007: 13).

정부의 금융보증은 현대건설이 감당할 수 없었던 리스크에 대한 보험을 제공해 주는 점에서 큰 역할을 하였던 것은 명확하다. 또한 현대건설이 조선소를 지으며 수없이 많이 경험하였던 시행착오는 정부의 계획과 같은 점진적인 접근 방법을 선택하였을 때 분명 줄어들 수 있었을 것이다.

기본도면은 영국에서 가져왔지만, 건조에 필요한 상세도면이 없었는데, 현대건설은 이를 가와사키에서 얻어 왔다. 상세도면은 정주영 창업자와 젠지 우메다 회장과의 친분을 통해 얻을 수 있었고, 이를 통해 첫 배를 완성시킬 수 있었다고 한다. 현대중공업은 6호선까지는 일본 가와사키 조선소의 설계로 제작을 하였고, 7호선부터 설계에 참여해 8호선부터는 현대가 독자적으로 기본설계를 하였다고 한다(이호 2007: 11).

이러한 점을 감안해 보면, 정부가 계획한 점진적인 접근법은 독자설계를 좀 더 빠르게 진행할 수 있는 경험 기반을 축적하는 것을 가능하게 하였을 수 있다고 판단된다. 하지만 점진적 접근 방법을 통해 대형 선박의 1호선부터 독자설계를 하는 것이 가능하였을 것인가에 대한 점은 여전히 의문으로 남는다. 중소형 선박의 독자설계 경험이 대형 선박의 독자설계 경험으로 바로 이어질 수도 있지만, 여전히 많은 시행착오를 거치는 것이 일반적이기 때문이다.

자재 발주를 하는 것도 6척을 만들 철판을 얼마나 발주해야 할지 몰라 12척을 만들고도 남을 철판을 발주하기도 하는 시행착오를 겪었다고 한다. 배재•를 정확하게 하지 않으면 배를 건조하기 어렵다. 초창기의 현대중공업에서는 배재를 잘못하여, 후공정 팀에서는 재료가 없다고 하고, 선공정 팀에서는 정상적으로 잘라서 주었다는 다툼이 발생하였다. 그래서 새로운 철판을 잘라서 가져다주면, 선공정 팀에서 작업한 철판이 다른 곳에서 발견되는 일이 흔하였다고 한다(이호 2007: 11). 이러한 시행착오 역시 정부의 점진적 접근 계획하에서는 그러한 문제를 어느 정도 해결할 수 있었을 것이라 예상된다.

배재: 부재 번호를 찾아서 맞추어 주는 것이다. 여기서 부재란 철판을 자르는 것으로 수만 개를 넘어가며, 각각 번호가 있다.

또한 현대중공업에서 초창기에 발생한 기관실 블록이 떨어지는 사고를 방지할 수 있었을지도 모른다. 대형 크레인을 설치하는데 시간이 덜 걸렸을 것이고, 크레인을 완성하기 전에 선박 공정에서 블록건조를 하는 시행착오를 겪지 않아도 되었을 것이다. 크레인이 없어 블록을 유압 작키•로 들어 올려 트레일러에 싣고 흙을 부어 경사진 면을 만들고, 불도저가 뒤에서 당기며 속력을 조절해서 블록을

유압 작키: 대상물을 인양하기 위해서 사용하는 기계 장치이다. 원리별로 나사식, 유압식, 공기식 등이 있으며 중량물을 들어올리는 데는 유압식이 일반적이다.

옮기지 않아도 되었을 것이다. 가와사키 측의 자문을 받으며, 자문 기술자 개개인에게 어떻게든 기술을 배워 내는 것이 좀 더 수월하였을 것이다.

하지만 그러한 시행착오를 줄이는 것이 결국 선진국과의 경쟁에서 경쟁력의 결정적 확보를 보장하였을지는 알기 어렵다. 점진적인 접근을 통한 시행착오 감소가 영국 수출신용보장국이 선박 주문 없이 차관을 제공해 주는 반사실적(counter factual) 상황에서 긍정적 결과를 가져올 수 있었는지는 여전히 알기 어렵다. 또한 조지 리바노스의 16%의 가격 인하 요구와 2년 6개월이라는 공정 기간의 조건을 개선할 수 있었는지에 대해서도 확인할 수는 없다. 하지만 큰 효과는 없었을 것이라 판단되는 측면이 크다.

실제로 1937년 대한조선공사의 전신인 조선중공업주식회사의 건조 능력은 1만 톤급이었다. 그리고 조선중공업은 20년이 가까이 지나도록 큰 발전을 하지 못하고, 1962년부터 시작된 경제개발 5개년계획 제1차 5개년 스케줄에도 조선공업은 주요 육성 산업 부문이 아니었다. 1967년 국내 조선을 진흥시킨다는 목표를 내걸고 조선공업진흥법을 만들지만, 여전히 대형 선박건조는 엄두도 내지 못하였다. 정부가 1972년 조선공업진흥기본계획이라는 긴 정책안을 마련하였는데, 이 계획이 지난 계획과 큰 차이를 가져오는 결정적 역할을 하였는가에 대해서는 과거의 조선산업 발전속도를 보면 의문의 여지가 있을 수 밖에 없는 것이다.

정부의 계획안은 1차 20만 톤 2척, 15만 톤 2척, 도크는 20만 톤급을 건조할 수 있는 규모와 수리선 도크도 같은 규모로 건설한다는 것이었다. 건설 비용은 차관으로 조달해야 하였다. 하지만 차관을 조달하기 위해, 그리고 기술 전수를 받기 위해 여러 나라를 접촉한 정주영 창업자가 내린 결론은 조선소를 건설하려면 부지 비용을 제외하더라도 50만 톤급이라야 미래가 보였다고 한다. 그러면 50만 톤급을 만들 수 있는 드라이 도크와 900m의 의장 안벽(Outfitting Quay)•과 여러 중장비가 필요하다는 것이었다(이호 2007: 2). 하지만 이는 정부의 계획과 달랐다. 정부의 계획안을 따랐다면 규모의 경제가 중요한 조선 분야에서 경쟁력을 확보하지 못하였을 확률이 높았던 것이다.

의장 안벽: 도크에서 건조된 선박에 대해 배의 각종 기계장치와 배관, 전기설비 등 모든 의장품을 설치하는 의장 작업을 하기 위한 안벽을 뜻한다.

계획이 실행된 방식은 정부의 점진적 계획안이

아닌 기업의 리크스가 큰 계획안이었다. 정부가 단계적 기술 습득을 통해 시행착오를 줄이고 조선산업을 육성한다는 보수적 시각을 극복하는 것은 어느 정도 한계가 있을 수밖에 없다. 하지만 기업의 입장에서는 많은 시행착오를 겪더라도, 이를 통해 결과적으로 기술을 체화하는 무모해 보일 수 있지만 직접적인 성과를 내는 것이 더 중요할 수 있는 것이다.

기술 습득

조선 관련 기술의 습득에서도 정부가 이상적으로 생각하는 것만큼 체계적이지는 않았다. 애플도어사를 통하여 현대중공업에 유조선 설계도면을 제공한 것은 영국의 중견 조선회사인 스코트리스고우사였다. 엔지니어의 기술훈련은 스코트리스고우사 산하에 있는 킹스턴(Kingston) 조선소에서 진행되었다. 1972년 3월 울산조선소가 착공되었고, 대형 유조선을 만들기 위한 기술진은 영국 킹스턴 조선소에 연수를 위해 파견되었다. 기술 핵심 인력 60명은 2차로 나누어서 1972년 3월부터 9월까지 각각 3개월간

기술 연수를 진행하였다.

1972년 10월 현대중공업은 덴마크 오덴세(Odense) 조선소의 스코(J. W. Schou) 사장과 기술진에게 생산의 주요 공정인 공정계획, 선체, 의장(艤裝)•, 전장(電裝)• 부문을 책임지게 하였다. 오덴세 기술진은 조선소의 운영과 스코트리스고우에서 제공한 설계도를 바탕으로 선박을 건조하는 것을 책임졌다. 건조 과정에서 나타나는 기술 문제를 해결하고, 현대중공업 기술진과 기능공에 대한 기술 전수도 진행하였다.

1972년 7월 현대중공업은 일본 가와사키중공업과도 기술지원과 관련된 계약을 맺었다. 가와사키중공업과의 기술지원 계약은 스코트리스고우 설계도의 구체적 생산설계를 보완하기 위한 전면적인 기술계약이었다. 가와사키중공업이 기술자를 한국에 장기 파견하고, 현대중공업 기술연수생이 가와사키중공업에 파견되어 훈련을 받았다. 1973년 초에는 23만 톤급 유조선의 설계도를 포함하여 가와사키중공업에서 건조하는 선박 전체의 설계도를 도입하였다. 가와사키중공업은 기술도입 계약과 더불어 수주도 알선하였다. 자매회사인 가와사키기선(川崎

의장: 선박의 운항 목적을 달성하기 위해 선박에 설치된 각종 시스템을 선박의 장이라 한다.

전장: 선박 전체 구획의 전기·전자 장비, 제어 및 전로 배치를 말한다.

汽船)에서 23만 톤급 대형 유조선 2척을 주문하였고, 일본 해운회사인 Japan Line에서 23만 톤급 대형 유조선 2척을 주문하였다.

가와사키중공업의 핵심 기술진들은 현대중공업에 장기간 파견되어, 생산설계 기술을 전수하였다. 1973년 12월부터 1974년 말까지 선각(船殼)•, 의장, 전장 관련 설계기술자 3명과 선각 부문 공작기술자 1명이 장기 체류하며 기술을 전수하였다. 처음에는 스코트리스고우의 26만 톤급 유조선의 설계도에 나와 있지 않은 생산설계 부문 기술을 지도하였고, 나중에는 가와사키중공업의 설계도면으로 만드는 23만 톤급 유조선의 생산설계 기술 지도에 집중하였다.

선각: 배의 선체를 만드는 일.

현대중공업이 일본 기술진의 도움이 필요하였던 이유는 영국 스코트리스고우의 설계도와 덴마크 오덴세 조선소의 유럽 기술진만으로는 대형 유조선을 만드는 것이 어려웠기 때문이다. 조선산업에는 큰 변화가 일어나고 있었다. 1950년대 이후 유조선에 대한 수요를 기본으로 하여, 선박 대형화와 함께 조선 시장의 급팽창이 이루어졌다. 블록건조공법• 이 도입되었고, 같은 배를 여러 척 만드는 시리즈선

블록건조공법: 블록 건조 방법은 대형 선박의 건조에 널리 사용되는 방식으로, 선체를 복수의 블록으로 분할하여 이를 지상에서 각각 건조한 뒤 도크로 이송하여 레고 블록처럼 조립함으로써 도크의 가동률을 높이는 건조 방법이다.

건조와 이를 위한 대규모 노동 공급이 필요하게 되었다. 대형화된 선박을 여러 척, 반복해서 신속하게 건조해야 하였고, 이에 따라 빠르게 증가하는 비숙련 기능공의 효과적인 활용을 위하여 기존의 선박 건조 공정을 구분하고 표준화하고 체계화할 필요가 있었다. 선박건조 시스템을 공장식 생산 시스템과 유사하게 구축하여 기존에 필요하였던 숙련 기능공을 비숙련 기능공으로 대체하는 과정이 필요하였기 때문이다. 생산설계는 이에 따라 변경되어야 하였고, 일본 조선업체들은 그러한 표준화된 생산설계 방식을 진행하고 있었다.

1973년 그리스의 조지 리바노스로부터 수주받은 2척의 대형 유조선 건조를 시작하였다. 덴마크 오덴세 조선소에서 초빙한 기술진들은 생산부를 책임지고 있었고, 가와사키중공업에서 파견된 기술진들은 현대중공업 설계부에 조언을 하는 역할을 맡았다. 다시 말해, 스코트리스고우의 26만 톤급 유조선 설계도면으로 스코 사장과 덴마크 오덴세 기술자들이 생산을 책임졌고, 작업지휘와 결정권이 있었다. 가와사키중공업의 기술자들이 부족한 생산설계도면을 작성하고 조언하는 기술고문 역할이었고, 사안에 대한 결정권은 없었다.

현대중공업의 26만 톤급 유조선 건조계획은, 스코트리스고우 설계도면의 한계를 도크(dock) 건조기술을 가진 덴마크 오덴세의 기술진이 보완하는 방식이었다. 그리고 숙련 기능공의 작업을 필요로 하는 유럽 조선소의 생산기술 문제를 가와사키중공업의 생산설계 기술을 통해서 보완하는 것이었다. 그러나 유조선을 건조하는 과정에서는 대립과 갈등이 발생하였다. 여러 나라의 기술을 결합하는 방식은 쉽지 않은 일이었다. 설계도의 작성 방법과 강재의 절단 방법, 선체블록의 분할 방법 등 생산 과정은 조선소별로 다른 방식을 사용한다. 자재의 보관 방법과 설계도면에 표시하는 수치 단위도 다른 경우가 많다. 같은 종류의 유조선이라고 하더라도 조선소별로 생산 방식은 달라지게 된다. 해외 기술진들이 자신들이 소속된 조선소의 생산 방식을 사용하려 하고, 다른 조선소의 생산 방식을 사용하지 않으려 하는 것은 당연한 일이었다. 이는 현대중공업이 의사결정 구조에 구조적인 결함이 있었다는 것을 의미한다. 많은 시행착오를 거쳐야 하는 것은 당연한 결과였다.

1975년 울산 현대조선소 23만 톤급 유조선의 위용
자료: 한국정책방송원.

하지만 현대중공업은 많은 시행착오를 거치기는 하지만 선박건조 기술을 결국에는 습득하였다. 당시 울산조선소에 근무한 기술자들은 1976년에 현대중공업이 조선기술을 대체적으로 습득하였다는 것에 동의하였다. 덴마크의 스코 사장은 1976년 4월에 퇴임하였고, 오덴세 기술진과 유럽 기술진은 현대중공업에서 철수하였다. 가와사키중공업과의 기술협력은 1978년에 종료되었다. 1975년 가와사키중공업과 현대중공업은 선박수리를 전문으로 하는 현대미포조선소를 합작으로 설립하였다. 현대미포조선소의 안정적 운영을 위해서는 기술협력을 연장하는 것이 필요할 수 있었다. 하지만 기술계약은 연장되지 않았고, 이는 대형 유조선 건조기술을 현대중공업이 충분히 습득하였다는 것으로 해석될 수 있다(한국공학한림원 2020b: 157~159).

이러한 과정을 통해 현대건설은 현대자동차와 현대중공업을 위시한 관련 기업들의 탄생을 주도하고 건설업과 함께 자동차, 조선을 아우르는 거대한 그룹으로 성장하였다. 현대그룹 사옥에는 현대건설을 중심으로 현대자동차, 현대중공업, 현대시멘트, 현대종합기술개발, 현대미포조선 등 7개 계열사가 입주하였다.

나가며

이 책에서는 한국의 산업기술의 발전을 현대건설에 필요한 산업을 중심으로 고찰해 보았다. 국토개발과 경제개발에 건설은 필수적이었다. 건설과 시멘트 분야에서 시작된 건설사업은, 비료와 정유, 석유화학 분야로 이어졌다. 시멘트산업은 건설에 필요한 자재를 자급하게 해 주었을 뿐 아니라, 낮은 기술 단계의 장치산업에 진입할 수 있도록 해 주었다. 농업에 필요한 비료산업은 충주비료라는 화학비료공장의 건설과 운영으로 이어졌다. 충주비료공장의 건설은 유사한 장치산업인 정유와 석유화학산업 공장 건설의 기반이 되었다. 전기와 같은 에너지는 산업발전에 항상 중요하였다. 에너지를 생산하려면 발전소 건설이 필요하였고, 이는 원자력발전소 건설까지 이어졌다. 종합조립업이라는 건설업의 특성은 종합조립업의 특성을 역시 가지고 있는 자동차산업과 조선산업과도 큰 관련이 있었다. 그리고 건설, 자동차, 조선에 필요한 높은 철강 수요는 철강산업의 수요 기반이 되었다.

참고문헌

울산발전연구원(2018), 『울산옛터비에 담긴 기억들』, 울산발전연구원.

이　호(2007), 「정주영의 조선업도전」, 이코노미스트.

포스코(2018), 『포스코 50년사』.

한국공학한림원(2020a), 『한국산업기술발전사: 건설』.

______(2022b), 『한국산업기술발전사: 운송기기』.

______(2022c), 『한국산업기술발전사: 소재』.

현대건설(2022a), 『기업문화사』, 현대건설 70년사.

______(2022b), 『프로젝트사』, 현대건설 70년사.

______(2022c), 『한눈에 보는 70년사』, 현대건설 70년사.

현대중공업(2022), 『현대중공업 50년사』, 성장스토리.

Rosenberg, Chaim(2011), *The Life and Times of Francis Cabot Lowell*, Blue Ridge Summit, PA: Lexington Books.

찾아보기